副業先でも使える
61のルール

転職1年目の教科書

Akiyama Susumu
秋山 進

日本能率協会マネジメントセンター

はじめに

「転職、おめでとうございます」

転職先が決まると、多くの人はこのように言ってくれるはずです。

さまざまな転職に関する書籍や雑誌、ウェブメディアも、「転職成功の秘訣」をたびたび特集しますが、その内容はいかにいい転職先を獲得できるか、ということに焦点があたっています。

でも、それで転職が本当に成功したのでしょうか？

それは違う！　と私は思います。転職者にとって転職先が決まることとは、成功のための最初のステップを踏み出したにすぎません。

新しい会社に入ると、いままで聞いたことのないような社内用語、業界用語に苦労します。社内に知り合いがほとんどいないことから、本当に必要な情報が手に入らないことにも悩まされます。その会社ならではの意思決定基準がわからないので、物事を自分で判断することもできません。上司や同僚との相性も、一緒に働いてみないことにはわかりません。

そして、思うように仕事が進められないことに対する欲求不満や、極度の緊張感の中で、心身ともに弱りきってしまう……、そんな経験をすることもあります。

こういった試練を乗り越え、一人前に仕事ができるようになってはじめて転職に成功したと言えるのです。真に成功するまでには、たいへんなエネルギーと忍耐が必要となります。

しかしながら、これまで転職後、転職者がどのように仕事を進めていけばいいかについてのまとまった情報はほとんどありませんでした。その結果、たくさんの人が間違った努力をし、場違いな言動をし、そして会社になじめずに去っていくといった哀しい経験をすることになってしまっているのです。

これはどうにかしなくてはならないと思います。

入社第1週 あなたは特別な存在ではない

The 1st week

入社1カ月まで
会社の人、会社のことを知る
The 1st month

入社3カ月まで

大きな成果を狙わない！　小さな実績を積みあげよう

The 3rd month

入社半年まで――試用期間の時代

Half a year

入社1年まで
——あなたはすでに転職者ではない
The 1st year

副業先で失敗しない！　心がまえと処世術

「好きなこと」を仕事にするために

本書は2004年弊社刊行の『転職後、最初の1年にやるべきこと』を現在の働き方事情に合わせて刷新したうえで、副業の項目を加えて復刊したものです。

The 1st week

入社第１週

あなたは特別な存在ではない

転職初日。あなたを待ち受ける、信じられないようなこと

The 1st week

企業が人を厳選して採用するこの時代に、転職先が決まるというのはなかなかできることではありません。この本を手に取られている皆さんは、その狭き門を潜り抜けられた方でしょうから、他の人にはない魅力があるに違いないと思います。

熱心なお誘いでくどき落とされた方も、それまで勤めていた会社からの強い慰留を断って転職した方もいらっしゃるでしょう。皆さんは、貴重で重要なスキルを持った素晴らしい方たちなのです。

ところが、その求められているはずのあなたの転職初日に、にわかには信じられないようなことが起こってしまうのです。

人事担当の人につれられて配属先の職場に行くと、受け入れ担当の課長が外出していない、などということがあります。それも単に「入社日を取り違えていた」という理由で。

自分の席が用意されていないことなどはごく普通です。「えーと、とりあえず、その

隅っこのほうに座っといて……」。そしてそのまま、長時間ほったらかしにされたりしてしまいます。

最悪の場合には、今日からあなたが入社することをごく一部の人だけしか知らず、職場のメンバーには何も知らされていなかったりします。誰かから話しかけられるでもなし、こちらからも話しかけづらいよそよそしい空気が流れるのです。

実は、このようなことが起こってしまうのにも理由があります。

ビジネスパーソンにとって年度始めとか新年というのはやはり特別なので、新しいスタートに際していろいろな準備を入念に行います。その経緯の中で、中途採用者の存在も大事な戦力として計算されます。そのため、4月や1月入社の中途採用の方は先に述べたような哀しい経験をする可能性は低いでしょう。

ところが、中途採用は通年採用ですから、7月1日とか、11月1日に初出社になる方もいるわけです。すると直前は通常の月末で、大量の納品があったり受注の締めがあったりと忙しさはピークに達しています。そんななか、月末の煩雑さから入社日を間違えてしまうのも仕方はありません。もちろん、それぞれの社員も目標達成に向けて精一杯走っていますから、転職してくる人の迎え入れ準備に十分な時間を割くことは難しいのです。

というわけで、日にちの取り違えや不十分な受け入れも決して悪意あってのものではなく、「うっかりミス」レベルのものなのです。ただ、転職者の立場で考えたら、「うっかりミス」では納得できません。せっかく入社したにもかかわらず、あまりにひどい扱われぶりに「選択を誤った！」と、初日からいきなり落ち込んでしまいます。


私自身もある会社で同じような経験がありました。「今日から出社」という日の朝、会社の中に入ろうとすると、警備員に「すみません、どちらの方ですか？」と呼び止められました。身分を確認すべく、警備員が私の業務の担当をする部の部長に電話をかけたところ、彼は大事なクライアントに呼びつけられて不在。部署の他の人は誰も私の名前を「知らない」というのです（会ったこともないので仕方ありません）。

警備員は気の毒そうな顔をしていたものの、職務上、身分がはっきりしない人間を中に入れるわけにはいきません。その他に私が知っている人は、いきなり偉くなって社長と数人の取締役だけ。ようやくそのうちの1人に話がつながり、30分ほど足止めされたあと、やっと建物の中に入ることができました。

その後、クライアントのもとから帰ってきた部長に会いました。

「いやあ、すみませんでした。でも、秋山さん、今日からでしたっけ？」

一気に仕事をやる気が失せた瞬間でした。

「僕ってこの程度の存在なの？」

そうなのです。**入社するまでは、外部の人間としてとても大事に扱ってもらえる存在なのですが、入った瞬間からあなたはどこにでもいる社員の１人なのです。**

転職のルール１

転職のその日から、あなたは社員の１人にすぎなくなる。

初めて対面するとき、仲間となる社員はなぜよそよそしいの？

転職者にとっては緊張と不安の転職初日ですが、受け入れ担当の課長が日にちを取り違えたりするくらいですから、ましてや他の人たちにとっては、あなたの初出勤の日は「いつもと何ら変わらない昨日と同じ1日」にすぎません。

直接仕事で関わり合いを持つ人を除いて、彼らは非常に素っ気ない態度をとるかもしれません。または大変事務的で、必要最小限にしか関わってくれない可能性もあります。

しかし、こんなことにあまり過敏にならないほうが賢明です。

新卒の場合は社会人として何の経験もないので、周囲は細部にわたって丁寧に教えてくれ、面倒をみてくれるでしょう。一方、**転職者は〝新顔〟ではあっても新卒ではありません。**周囲にしてみれば、自分たちと同じ〝一人前の大人〟なので、手取り足取り世話を焼いてはかえって失礼なんじゃないか？　とよそよそしくなってしまうのです。

あとで詳しく説明しますが、新しいメンバー（すなわち転職者）が、序列のいったいどこに入るのか、自分より上なのか下なのかが、この時点ではわからないこともよそよそしさの原因になります。

また、転職者の側にとっては、人生の中で多くても数回しかない転職ですが、中途採用者の多い会社であれば、年間に数十人も転職してきたりするわけです。そうなるといちいち歓迎の用意をすることもないとして、「ああ、またきたか」ぐらいの認識しかなかったりするのです。

もしあなたの転職先の受け入れ体制がきちんとできていて、課長があなたより前に出社し、部署全体であなたを歓迎してくれ、「じゃあ、ランチでも一緒に食べに行きませんか?」なんて、気軽に声をかけてくれたならば、それは当たり前のことではなく、たいへん恵まれたケースだと思っていいのです。

転職のルール 2

初日のランチは、1人で食べるかもしれないと考えておく。

誰も何も教えてくれない……。だって、あなたは〝一人前〟だから

入社したてで意欲にあふれるあなたは、できるだけ早く仕事の進め方や会社、部署のルールを覚えたいと願っているはずです。でも、前項で触れたとおり、中途入社の場合はこちらから動かないと「誰も何も教えてくれない」のです。

わからないことが前提の新卒者ではないので、同僚も「何かわからないことはありますか？」とは聞いてくれません。こうしたことは、転職にかぎらず、部署の異動先、転勤先でも起きがちです。

なぜかというと、前述したように、あなたは新卒者とは違って、〝一人前〟だからです。会社によっては、転職者に業務の中身や仕事の進め方について懇切丁寧に教えてくれるところもありますが、チーム（部署）としてではなく個人の成績を重視し評価する会社では、ライバルのためになるようなことは誰もしません。一人ひとりの役割がはっきりしている外資系企業では、あまり丁寧には教えてもらえないでしょう。創業間もないスタートアッ

プでは、社員が忙しすぎて質問すらしづらい雰囲気が漂っている会社もあります。

ところが、転職者は、仕事についてどころか、事務用品などの備品がどこにあるかという些細なことまで誰かに聞かないと、何もはじめられないのです。

さらに、聞いてもちゃんと教えてもらえないこともあります。競争意識が強いために「隣は敵」という風潮の会社では、質問に答えてくれるどころか、ほとんど無視する人までいます。

何も教えてもらえないとなると、転職初日に感じた不安がムクムクとふくらんで、１週間目にして早くも「会社を辞めたい」という気持ちになるかもしれません。

しかし、早まらないことです。考えてもみてください。小学生のころ、転校生のちょっとした言葉のアクセントの違いをはやし立てたりしませんでしたか？　ちょっとしたイジメは、組織で働くための通過儀礼のひとつです。

さてこのような場合の具体的な対応策は、**わからないことがあったときにいろいろ聞くことができる人（世話役）を上司から任命してもらうことです。**上司に「いろいろわからないことがあるのですが、誰に聞くのが一番良いですか？　できれば、どなたかをご指名いただけるとありがたいのですが……」というふうにお願いし、上司から世話役として誰かを指名してもらいましょう。そうすれば、指名された人にとっては、その瞬間からあなたに対していろいろ指導することが、ボランティアではなく仕事になります。こちらも、その後は遠慮せずにいろいろと聞くことができます。

もちろん、いろいろ教えてくれた世話役の方に恩返しをする必要もありますので、常日ごろから、「〇〇さんにいろいろ教えていただいて、とてもありがたいです」などの感謝の言葉を上司に対して述べておきます。**世話役の方に、いつでも何でも聞ける環境をつくれれば、転職成功に向けてひとつ前進できたことになります。**

転職のルール 3

上司に頼んで、世話役を任命してもらう。

人事部の期待が生み出す「空回り」とは？

会社によっては、入社直後は人事部があれこれ面倒をみてくれたり、大手企業などでは中途入社者の研修プログラムがあるのが普通です。とてもありがたいことです。

しかし、新卒採用のときと同じように、人事部が長い間あなたの面倒をみてくれることはありません。中途採用に関しては、入社&配属＝納品で、人事部の仕事は基本的にここまでです。あなたはこのあとは自分の力で生き残っていかなくてはなりません。

人事部がらみで、ときどき問題になることがあります。それは、人事部の担当者が中途入社者に対して、少し過剰な期待を持ってしまうことです。具体的に言うと、

「当社はもっと変革をしていかなければなりませんが、社内の人だけでは無理なんです。外部の知恵と価値観を持ったあなたに、この会社の変革を進めてもらいたいんです！」

というような期待です。採用時、入社直後のセレモニー時に人事部の担当者にこう言われる転職者が、実はとても多いのです。

そして、あなたはその変革の進んでいないラインに配属されます。また、ラインは人事部の担当者が言うような変革を望んでいるわけではありません。外部からきた、しかもプロ経営者のように株主から強い権限付与もされていない一介の社員や管理職が、**たった1人ですぐに会社を変革するなどということは事実上不可能です。**

ところが、たまに人事部の期待をそのまま鵜呑みにして「空回り」する人がいます。変革しなければと、何から何まで現行を否定してしまうのです。確かに言っていることには一理も二理もあるのですが、残念ながらそれでは、同僚に受け入れてもらえません。

人事部の担当者の期待に応えることは重要だし、期待に応えられるように将来はがんばりましょう。ただ、**まずは肩の力を抜いて、みんなの仲間になることからはじめることです。**人事部の過剰な期待は、将来のために少しの間、とっておくようにしてください。

転職のルール 4

人事の過剰な期待は、しばらく心の中にしまっておこう。

歓迎されなくて当然!? その理由を知っておく

The 1st week

せっかく転職したのに、あまり周囲から歓迎される気配もなく、自分に対して無関心な人たちと今後うまくやっていけるのだろうか？　そんな不安な気持ちが沸き起こってくることもあるでしょう。しかし、実際には、自分たちの集団の中に知らない顔が入ってくれば、気にならないわけがありません。みんな仕事で忙しそうなフリをしながら、やはりあなたのことが気になって、横目でチラチラ見ているのです。

チームに新たな人材を迎えるということは、その人がいまいる人材とは違う何かがあり、チームの中で役に立つはずだからこそです。部署の人たちにはそういう意識があるので、新しくやってきたあなたに対して「この人は自分と違った何を持っているの？」「自分のライバル？　それとも味方？」「自分より職位は上？　下？」と、シビアにチェックします。だから、あなたを歓迎する気持ちの余裕などない、という人もいるのです。

とくに、あなたのために「出世が遅れる人がいる」ということも忘れずにいてください。

スポーツでも、ギリギリのところでレギュラー入りしていた選手が、新しい選手が加入したことでベンチに回されるということはよくあります。転職の場合も同じで、「次は自分がチームリーダー」と思っていた人が、あなたが席次上その人の上に入ったせいで昇格するのが遅れるなどということは、十分ありえる話なのです。

そうした人にとって、あなたは招かれざる客です。あからさまに意地悪をされることはないでしょうが、快い存在ではないはずです。立場を自分に置き換えてみれば、その気持ちが理解できると思います。

以上のように、新しい同僚との最初の出会いは、あなたが期待していたような歓迎ムードいっぱいではないかもしれません。だからといって不安に思う必要もありません。この段階では、「転職先では必ずしも歓迎されない」ということを覚えておけば十分です。

転職のルール 5

必ずしもみんなから歓迎されるわけではない。あなたのために出世が遅れる人もいる。

転職初日にはつきもの、自己紹介にもツボがある

The 1st week

人間、やはり第一印象が大切です。とくに転職者の場合、多くの人からいろいろな観点でチェックされているので、最初の自己紹介はぬかりなく決めたいところです。

なかでもとくに重要なのは、課会や部会といった多人数の前で自己紹介をするときです。**自己紹介で失敗するか成功するかは、あなたの転職生活に大きな影響を与えます。**できればみんなの注目をひきつけ、みんなに好印象を持ってもらいたいものです。

私は以前、ある外資系の会社に資本参加した企業からその外資系企業に送り込まれたことがあるのですが、全社員を前にしていきなり自己紹介をすることになりました。私をとりまく役員や社員の冷ややかな目をいまでもはっきりと覚えています。

私は、その会社が日本に進出してきたときからずっと注目し続けてきたこと、その進出時のオフィスの状況（これは社員も知らない古い話です）はどんな感じであったか、そしてその当時から私はビジネス上のつながりがあったこと、社員の皆さんのがんばりで私が

思っていた以上に日本法人はうまく成長してきたこと、そしてこの会社に私がこれから貢献できることの喜びを語りました。この自己紹介スピーチはたいへんうまくいきました。なぜなら、敵愾心を持っていた社員や役員の皆さんに、「どうも敵ではなさそうだ」くらいに思っていただけたからです。

これは自慢をしたいからお話したのではありません。正直に言うと、このようなこともありえると思っていたので、1週間も前から「3分バージョン」「5分バージョン」「10分バージョン」の3つの自己紹介パターンをつくり、鏡の前で必死に練習していました。会場の空気もいろいろな状況を想定していました。わりとリラックスしていた場合には、はじめに笑いをとれそうなこんなネタにしよう、硬い感じならこれにしよう、敵意を持っている場合には昔話からはじめよう、……などです。実際には敵意バージョンを使用することになってしまったのですが、あのときの自己紹介スピーチがうまくいかなかったらその後どうなっていたかと思います。

さて、具体的な自己紹介の方法についても少し述べておきましょう。転職時の自己紹介で押さえるべきポイントは2つです。

１つめは、すべてに共通することですが、「明るく元気にハキハキ」と行うことです。
どんなに能力があっても、下を向いて口をもごもごさせて何を言っているのかわからないのでは「この人、大丈夫？」と思われてしまいます。

２つめのポイントは、会社と仕事への愛着を語り、なおかつ自分のセールスポイントを明らかにすることです。

部署の人たちにとって、あなたはまだ「外部の人」です。外部の人からほめられて悪い気分になる人はいませんね。だからまずは、会社や商品のことをポジティブに語ってください。もちろん、過大にほめる必要はありません。あなたは転職に際して、何か良い点があると思ったからその会社を選んだのだと思います。その部分をしっかり思い出して「自分はこの会社のこういうところが好きだから転職した」と言ってください。

そのうえで、「私はこの会社に、こういう部分で貢献できると思う」と少しだけアピールしてほしいのです。

私はこれまでさまざまな自己紹介を見てきましたが、上手だなあと思った人がいます。その方は自己紹介をする際に、Ａ４サイズ１枚の自己紹介文を配付し、その内容に沿って話をしてくれました。本人によると、スピーチがどうしても苦手なので、このような方法

をとったと言っていましたが、これは一つの手です。その方からもらった自己紹介文には、
①過去のビジネス履歴と自分が得意とすること
②この会社ではこういう分野で貢献できる（と思う）
③出身地、趣味など、パーソナルデータ
が書いてありました。ちょうど「取扱説明書」のような感じです。③はビジネスには無関係に思えるかもしれませんが、あとあと仕事を進めるうえで大いに効力を発揮します。詳しくは後述しますが、書いておくと良いことにめぐりあえるかもしれません。
皆さんに自己紹介を練習しなさいとまでは強制しませんが、やっておいて損はないと思います。スピーチの苦手な人はぜひ練習しておいてください。

転職のルール 6

自己紹介は明るく元気にハキハキと会社と仕事への愛を語ろう。

「キミは何ができるの？」何度も聞かれるこの質問にどう答える？

The 1st week

自己紹介の練習とともにやっておきたいのが、自分がいまできることは何なのかを、簡潔に話すトレーニングです。話の長さとしては1分間。長いですか？　でも、自分のことを説明しようと思うと1分はけっこう短いです。出身大学は、専攻は、前の会社に入った経緯は、……などと、だらだら話しているとすぐに時間切れになります。

他人の話を辛抱強く聞いてくれる人は意外に少ないものです。ビジネスの現場ではさらにシビアで、話が長くなればなるほど要領を得ない残念な人と思われ、「この人、仕事ができない……」というレッテルを貼られます。

そんな事態を避けるためにも、自己紹介のときよりもさらにポイントを絞り込み、効果的に話すトレーニングが必要なのです。

会社ではやはり、いかにいい仕事を回してもらえるか、が大事です。となると、**上司に自分をいかに「使いたい」と思わせるかが勝負なのです。**そのための、1分間コマーシャル（CM）のつもりで話を組み立てていきます。

自分を商品に見立てて、

①何ができるか（効能）

②何をやってきたか（実績）

③どんな状況の下で成果が出るか（適用例）

を紙に書き出します。それを、時計を見ながら1分間で話し切ってしまえるように練習しましょう。

なかでも、①何ができるかはより簡潔に説明すること。それを聞いた相手が「こういう場面で、彼・彼女を使えるな」と具体的にイメージできるように話してください。

優秀な人は往々にして「何でもできます」というアピールをしがちです。確かにオールラウンドなのは素晴らしいことですが、**まだよく知らない相手に「キミは何ができるの？」と聞かれて「何でもできます」は、イコール「何でも屋」と相手に受け取られかねません。**「何にでも効く薬は、結局何にも効かない」と言われるのと同じで、「何でも屋」は重宝がられはしても「これ」という決め手に欠けるため、安く見られてしまうのです。そうなると、「ぜひキミにやってもらいたい」という話になりにくいのです。

したがって、**セールスポイントは最も得意なもの、これまでメインでやってきて実績があり、相手に欠けている部分に限定して話すのが得策です。**

また新卒では評価される「何でもやります！」も、実際には重要なスタンスなのですが、それが話のはじめにくると魅力半減です。**「○○が得意で実績もあり、少々の自信もありますが、部や課の状況もあると思うのではじめは何でもやらせていただきます」と言うのが、一番いいアプローチの仕方だと思います。**

また、私の例ですが、あるベンチャー企業の仕事では、周りの人があまりにも創造的（一歩間違うと空想的）で、どんどん話がふくらんでしまうため、ふくらんだ内容を収束に向かわせるべく話をまとめることが私の仕事になったことがありました。元来、私自身は話をふくらませるほうが得意なのですが、周りの人に比べて優位性のある仕事は、むしろ管理したりまとめたりすることになってしまったのです。

ただ、その「話を収束させるという仕事」で信頼を得てはじめて、社内での市民権を得ることができ、その後、だんだん自分の得意な「話をふくらます仕事」にも業務を広げることができるようになりました。

当時の私はまったく気づいていなかったのですが、彼らにとっては、企画室のマネージャーとして多様な意見も持った人の合意形成のプロセスをコントロールしてきた点が、私の経歴の中での最大の魅力だったわけです。

このように、**当人には気がつかない使い方を相手が見つけてくれることもありますので、得意でないところを担当することになってもまずは全力投球をして、その後得意なところをアピールしてください。**

転職の
ルール
7

「使いたい」と上司に思ってもらうために、自分の1分間CMをつくる。

服装はどうする？ 社内の暗黙のルールをチェック！

The 1st week

自己アピールについてもう1つ。意外に大事なのが服装です。これが自分の個性だからと、いきなり雑誌から飛び出てきたような格好をするのはやめたほうがいいでしょう。あなたが本当におしゃれで、どこから見ても寸分の隙もないほどの完ぺきな装いができるのであればいいのでしょうが、いかにも「がんばっている」感じの着こなしでは相手の反感を買う材料になってしまいがちです。

服装は清潔が第一。ですから、転職を機にスーツを新しくするのもいいでしょう。でも、デザインに関しては、**最初のうちはある程度、周囲のテイストに合わせることです。**そのためにも事前に、会社の人たちの服装をチェックして社内の暗黙のルールを知っておき、その許容範囲内でのおしゃれを心がけてください。

たとえば、その会社の人たちがビジネススーツなら、あまりカジュアルになり過ぎるのは避けたほうが無難です。スーツの色が紺やグレーが多数派なら、とりあえずはあなたも紺かグレーにしておいたほうがいいでしょう。
逆に、カジュアルウェアが多い企業に転職して、その中で自分だけ前職からのスーツ姿を続けるのも違和感があります。スーツしか着たことがない人がカジュアルウェアに慣れるまでには時間がかかりますが、そこは少しずつチャレンジしてみてください。

こんなことに心を砕くなんて、くだらないと思われるかもしれませんね。私も以前はそのように思っていました。そこで周りの人とは違う雰囲気の服装をまったく気にもせずに着続けていました。ところが、それは周りの人にあまりいい印象を持たれていなかっただけでなく、仕事にも悪影響を与えていたのです。

実は、**服装は「うちの人」なのか「そとの人」なのかを分ける判断目安になっているのです。**簡単に言うと、服装のテイストが違う→「そとの人」であり、外部の人は仲間ではないので、少し距離感を置いて話をするというふうに考えられがちです。

仕事を成功させるためには、信用のおける仲間にならないと無理です。外部の人に提供してくれる情報は、あくまでも公式見解であり、公式見解では仕事が進まないことは皆さんよくおわかりいただけると思います。

服装以外でも、普段使う手帳のことで、ある会社の専務取締役から直接、文句を言われたこともあります。その会社の社員は、ほぼ全員がその会社から支給された手帳を使っていました。トップの重要な語録が全ページに書かれている（これ自体はとてもいい語録なのですが）手帳でした。

私は、その会社の社員ではありませんでしたが、ほぼ毎日その会社に出社していましたから、社員のようなものでした。それにもかかわらず、私は支給された手帳を使っていなかったのです。ある日、会議でスケジュール確認をしたときに、私の取り出した黒い手帳（年末になると書店や文具店で売っている普及版の手帳です）を目ざとく見つけた専務から、「何でうちの手帳を使わないんだ！」と叱責を受けました。それは、「キミはいつになったらうちの人間になるんだ！」という怒りがこもったものでした。

私としては、その会社の手帳のスケジュール欄が朝7時から夜7時までしかなく、夜のお付き合い等も書ける別の手帳を購入して使っていたのです。しかし、こんなことで関係が悪くなっても仕方がないので事情を説明したところ、とりあえず理解はしていただけましたが、本音の部分ではどう思われていたでしょうか？

こんなふうに、会社は転職者が「うち」の人間になることを求めます。いったん「うち」

に入ったなら、少々冒険しても大丈夫ですが、それまでは一刻も早く同化しましょう。

転職者がしがちな失敗の一つに、まだ実績をあげていないどころか環境にもなじめないでいるのに、「いきなり自分のカラーを押し出しすぎて、周囲の抵抗を受ける」ことがあります。服装は、その最もわかりやすい例です。そんなつまらないことで、せっかくの仕事の機会を無駄にするのはもったいないことです。

転職のルール 8

服装は「うち」と「そと」を分ける判断目安。まずは周囲に溶け込む努力を大切にしよう。

人間関係づくりの第一歩。同僚の名前を早く覚えるコツ

The 1st week

相手の名前を覚えるのは、ビジネスの基本中の基本。**新しい職場に溶け込むには、部署の人たちの名前をすぐに覚えることです。**

自分に置き換えてみるとわかると思うのですが、自分の名前を覚えてもらえなかったり、間違えられたりするとガッカリすることがありますよね？「自分はいてもいなくてもいい存在なのか」と淋しく思ってしまいます。

逆に、自分の名前をいち早く覚えてもらってイヤな気がする人はいません。自分を認知してもらえたと思うと相手に対する認識も変わり、グッと親近感がわくものです。

したがって、**自分の存在を早く認知してもらいたかったら、まずは課、部の人の名前を正確に覚えること。**「そんなの当たり前じゃないか」という声が聞こえてきそうですが、どうも皆さん、人の名前を覚えるのに時間がかかりすぎているような気がします。

人の名前を早く覚えるコツは、事前に、あらかじめ部署の人たちの名前を聞いておくこ

とです。あるいは直属の課長や部長と話す機会があるなら「どういう人がいるんですか?」と聞いてもいいでしょう。

こうして1回、頭の中に「○○さんという人がいる」という情報がインプットされていると、実際に本人を前にしたときに「これが○○さんか」とフィードバックできるので、早く覚えられるのです。

とりあえずは名前だけでも頭にインプットしておけばいいのですが、できればその人にまつわるエピソードを一緒に覚えておくと良いです。とくに役職者や先輩には、その人の手柄話などを教えてもらい、実際にお会いしたときに「あ、もしかして、あの一件で活躍された○○さんですか」と言うと、相手は「いやいや、そんなのは昔の話だよ」と言いながらも悪い気はしないはずです。それこそ、彼ら彼女らの〝覚え〟がめでたくなる可能性大です。

そして、社員の名前をネットで検索してみるのもおもしろいかもしれません。隣の席に座ることになっている人が趣味の分野では有名な一流人であったり、SNSで毎日発信をしており、そこでは子育てに関するおもしろい話がいっぱい詰まっていたり、そんな意外な一面を発見できるかもしれません。
いずれにせよ、社員の顔と名前を早く覚えること。これは転職者にとって、必要不可欠でたいへん重要な準備です。

転職のルール
9

同僚となる社員の名前は、事前にインプットしておく。

「○○課長」から、「○○さん」へ。呼称にとまどわない！

何でもないことのようで、案外カルチャーショックを受けるのが、役職の呼称です。最近は、課長や部長だけでなく社長に対しても「○○さん」と呼ぶ企業もありますが、依然として、社内における序列が歴然とわかるような呼称を使っている企業も少なくありません。いずれのケースにしても、転職したばかりのときには抵抗を感じるものです。

私の場合も、はじめの会社では社長をはじめ上司や先輩もすべて「さん」づけだったので、その後、いくつもの会社と仕事をするなかで、役職名で人を呼ぶことにとても違和感を持ちました。誰もが「さん」づけだと人間関係がフラットでオフィスにも自由な空気が流れます。そんななかでずっと過ごしてきた私にとって、「部長」「課長」といった呼称は権威主義的な感じがしたのです。

しかし、これについても、とにかく早く慣れるしかありません。たとえば、「ディレクター」「ゼネラルマネジャー」というカタカナ呼称を名刺の上で使うだけでなく、ふだんからそう呼び合っている会社もあります。私にしてみれば、日本の企業がわざわざ英語の呼称を使うなんて、「何を〝会社ごっこ〟しているのか」という感じで、なかなかすんなり言えるようにはなりませんでした。

けれども、いろいろな会社の業務を知るにつれ、呼称に関しても自由にフラットにすればいいというものでもないということがわかってきました。論理的に割り切れることが多い事業をしている場合には、フラットな感じでオープンにディスカッションをし、最終的に論理的に正しいものを選択することが大事です。そういった企業の場合は「さん」でいいのだと思います。きちんとした呼称を使っていた会社から、「さん」づけの会社に転職した場合は、「さん」と呼ぶことへの抵抗よりも、むしろ社内のディスカッションのオープンさにとまどいを覚えるかもしれません。

一方、資本関係や人間関係などが複雑だったり、古くからの業界慣行などが強かったりで、オープンなディスカッションでは選択されることがありえない、論理的におかしい意思決定を上司がしなければならないような業態もあります（これこそが問題だという別の議論はありますが）。こんな業態では、メンバーに対して、ある程度強い立場を管理職に与えておかないと、下からの吊るし上げにあいかねません。そんな会社では呼称だけでなく、大きな机や立派な椅子などを管理職にあてがい、権威の後ろ支えをしてあげなければ組織が崩壊してしまう懸念があります。

同様に、こうした企業では情報を末端にまであまり与えず、管理職にだけ与える情報を多くして情報格差をつくり出し、そのことによってマネジメントを容易にしたりもしています。このような会社にとっては、呼称も重要なマネジメントツールであり、その重要性を理解しないことには仕事も進みません。

こうした背景の会社もありますので、**とりあえずは、自分の好みや主義は横に置いておき、呼称については、転職先のルールに素直に従ってください。**はじめは抵抗感があるかもしれませんが、慣れればどうということもなくなります。

転職のルール 10

転職先の呼称に合わせて○○マネジャー、○○課長、○○さんと呼ぼう!

Column

〝呼び捨て〟にできる相手が１人もいなくなるということ

毎日仕事をしていると、上司の一方的な言い方に腹を立てたり、ミスをして落ち込んだりして精神的にへこむことがあるでしょう。そんなとき、愚痴をこぼしたり、悩みごとを相談したり、冗談を言い合ったり、何かと心の支えになってくれるのが同期入社の仲間だったりします。

仕事中は上司や先輩に囲まれて緊張を強いられるぶん、「おい、○○！」と気軽に呼び捨てにできる同期とは、ある種、家族のような濃い関係なのかもしれません。

ところが、転職をすると同期がいません。中途同期というのが唯一の同期ですが、これまで育ってきた経緯もバックグラウンドも違いますから、気がおけない仲間というわけにもいきません。

年下の社員も当然いるでしょうが、中途で入った新人（！）としてはいくら年下の相手でもいきなり呼び捨てにはできません。

このことは、冗談を言い合える相手がいない、家族のように心を許せる人間が会社の中に1人もいないということと同じことです。つまり、基本的には「みんな他人」。

そう考えると、転職先で「なかなか溶け込めない」と悩むのは意味がありません。周囲は「みんな他人」なのだから、転職してすぐに家族的な関係性を求めるのはそもそも無理な話なのです。

転職先で、「自分だけが浮いている」と不安に思う必要はありません。もともと浮いている存在なのだし、実を言えば、周囲からは少し浮いたままがしばらく続きます。新しい会社に中途で入るということは、そういうことなのです。

誰もあなたが何ができるかを知らない？意外に強い前の会社のイメージ

転職した人からよく聞くのが、「周囲が自分に抱くイメージや期待が、実際の自分とズレている」という悩みです。

たとえば、リクルート時代の私の友人は、転職先で「リクルートにいたのだから人事に詳しいだろう」と（勝手に？）社長に思われ、本業の営業の仕事以外にも、人事関連の仕事を任されそうになってしまったと言って笑っていました。

ある程度、これは仕方のないことです。直接転職採用の場面に携わった一部の人を除いた周囲の人たちは、転職者について多くの情報を持っていません。せいぜい「A社にいた人」という程度なので、転職してきた人がどういう人間で何を得意としているのかという個人的なスキルや能力を見る前に、まずは「A社」のイメージをあなたに重ねて、先入観として持ってしまうのです。

ソニーの人は○○、三菱商事の人なら○○、野村證券の人は○○、ソフトバンクの人なら○○、サントリーの人だから○○。バイオベンチャーの人は○○、老舗メーカーの人なら○○、スーパー業界の人は○○、素材産業の人だから○○、不動産営業の人は○○。

私にもあるのですが、皆さんも何らかの先入観を持っているのではないでしょうか。

困ったことは、**一度できた先入観を修正するのは簡単ではないということです。**私自身、そこの会社の出身者だと聞いただけで、「信用できない」と思い込んでしまう会社が一つあります。大企業であり優良企業ですから、そんなに信用できない人ばかりなわけはないのですが、以前に感じた悪い印象が強烈に残っていて、いまだにイメージを改善することができません。

もし私が上司なら、その会社出身の部下は、それだけでかなりのハンディを背負わされることになります。また、以前にいた会社の評価が高いと、当人には直接関係がなくても大きなメリットがあります。逆に、業績が悪かったり不祥事を起こしていたりすると大きなデメリットになります。

いずれにせよ、あなたはあなたであって、過去に働いた会社ではないので、できるだけ早く、自分自身をよく知ってもらい、あなた自身のイメージをつくっていくように方向転換させることが大事になります。

では、そのためにはどうすればいいのでしょうか。

まずは、先に述べたように**自己紹介の際にきっちりと自分の得意分野をアピールしておくことです。「能ある鷹は爪を隠す」と言いますが、新しい職場では積極的に爪を見せましょう。**自分が何を得意とするかを伝えることは自慢でも生意気なことでもありません。

逆に、爪を隠していると得意でない仕事や、間違った先入観からの仕事ばかりを与えられ、自分自身が苦しいだけでなく成果があがらなくて、結局は会社のためにもなりません。お互いにとって不幸な結果を招くことになるのです。

転職のルール
11

能ある鷹は爪をアピールする！

前職イメージから自分イメージへ転換しよう！

仕事の内容が事前の話と違う!? あなたに原因があることも多い

きちんとした人材紹介会社などを通さない場合、前項のような「周囲の期待と自分のできることにズレがある」どころか、「仕事の内容が事前の話と違う」場合もあります。なかには明らかに契約違反と言えそうな場合もありますが、実はその原因が自分自身にある可能性も否定できないのです。

とあるメーカーに転職した知人（35歳）のケースです。前職で彼は総務の仕事に就いていたのですが、彼の本来の希望は営業職だったため、いまの会社への転職を希望しました。「現場でバリバリ営業をしたい」という彼の熱意が会社に通じ、中途採用の試験に晴れて合格。最終面接では、社長や取締役からも「キミのように情熱を持った人がわが社には必要だ」と言われ、これで思う存分、自分のやりたい仕事ができるとやる気まんまんだったと言います。

「ところが、いざ出社してみると、僕には『課長補佐』という肩書きが付いていて、いきなり5~6人の部下の面倒をみることになっちゃったんだ。そうなると毎日、部下のマネジメントに精一杯で、現場に出るどころじゃない。それだけでもフラストレーションがたまるのに、お客さんのニーズもつかめない、部下となった人間がどんな人間なのかもまだよくわからないなかでマネジメントしなくちゃいけないから、本当に毎日がしんどいよ。採用が決まったときは、こんなことになるなんてまったく聞かされなかったし、社長なんて『君は営業職のエースだ』なんて言ってたのに、全然話が違うよ」

彼によれば、課長は「君の能力と人間性を見込んでのことなんだ。できる範囲でやってくれればいい」と言っているとか。ただ、そうは言っても彼の責任が軽くなるわけではありません。「これじゃあ、騙されたようなものだ」と、彼は転職後すぐに次なる転職を考えはじめたそうです。

ただ、よくよく話を聞いてみると、彼はいまの会社に入りたいばかりに、面接で「マネジメント能力についてはどうか」と聞かれた際に、本当はあまり得意ではないのに「部下や後輩の信頼も得ている」と自信ありげにアピールしたのだとか。つまり、採用面接でハッタリをきかせてしまったわけです。

彼に限らず、「この仕事をしたい」「この会社に入りたい」という思いが強ければ、多かれ少なかれハッタリをきかせるのではないでしょうか。会社側がそれがハッタリだと気づいたか否かはわかりませんが、彼らにしてみれば「キミが自分でそう言ったのだから、よろしく」ということでしょう。だとしたら、「こんなはずじゃなかった」と思っても、与えられた仕事をどれだけできるかやってみるしかありません。

こういった、もともと約束していたのと話が違うといった場合に、選べる選択肢は次の3つです。

①会社に掛け合って、約束どおりの仕事にしてもらうように働きかける

会社側から内定通知書をきちんともらっていれば、それらの文書が証拠になります。明らかに相手に非がある場合には、この方法をとるのも悪い方法ではないと思います。

②自分のやりたいことをやるために、すぐに転職活動をはじめる

こういうはっきりした行動をする人を嫌う会社もあるでしょうが、その仕事内容へのこだわりをポジティブに評価する会社もあるでしょう。

③何かのチャンス（運命？）かもと考えて、予定外の仕事にチャレンジしてみる

ただ、この場合は周りの人たちからサポートを得られないと、成功は難しいと思います。

転職のルール 12

事前の話と違うときには、3つの選択肢のどれか1つを選ぶ！

「もともと自分は、別の仕事を担当する予定で入社しました。ただ、今回この仕事につくことになったのも、何かの縁かもしれないと思ってがんばってみたいと思います。いまの自分のスキルを考えれば、今度の仕事では○○では強みを発揮できると思います。けれども、○○以外の部分では、まだこちらの会社の中でどういうやり方をすればいいのかわかりません。どなたかのサポートをいただきたいのですが、よろしいでしょうか？」

こんなふうに言われたら、上司もサポートをしてくれるでしょうし、もし仕事がうまくいかなくても、あなたを頭ごなしに怒ることはないはずです。

3つの選択肢、どれを選択してもいいと思います。ただ、どれにしようかと悶々とした日々を送るよりも、できるだけ早く選択肢を決め、きっぱりとした行動をとることが望まれます。

えっ、あの人の下なの？スケジュールボードでわかるあなたの地位

The 1st week

転職前には、あなたは課長の下のチームリーダーだと聞かされていたのに、入社してみると、「リーダー」という肩書きを持っている人があなたの他に3人もいて、実際には、課長から数えて5番目だったなんていうこともよく聞く話です。

会社は確かに嘘をついてはいないので、表立って文句は言えませんが、「どうなってるの？」と愚痴の1つや2つ、こぼしたくなるところです。

この食い違いに気がつくのは、だいたい外出先を記入する、通称「スケジュールボード」（イントラネット上のスケジュール表と同じ）に書かれた名前の序列です。新参者ではあっても、当然、課長の下に自分の名前が書かれるものと思っていると、やけに下のほうに自分の名前が貼りつけられていたり……。

名前の貼ってある順番という些細な話なのですが、サラリーマン、なかでも転職者にとってはとても気になることです。新しい職場の中で、自分がどういうふうに評価されて

いるのか、はっきりと明示されるわけですから。

ところが、残念なことにこういったボードの順番のようなものが、転職者に大きな心理的影響を与えることを理解している鋭敏な管理職などほとんどいません。アシスタント職をしている人に、「新しく入る人のも、貼っておいて……」くらいのアバウトな指示を与える人がほとんどです。アシスタントも、どこに貼ればいいのかわからないので、適当に貼ったり、一番下に貼ったりしてしまいます。名前がボードの下のほうにあったり、場合によっては1週間たっても誰も用意してくれなかったりしても、それぐらいでは落ち込まないことです。そんなことはよくある話で、決して悪気はないのです。

転職先における地位が、自分が思っていたよりも低かった場合には、がんばって成果を出し、確固たるポジションを自分で獲得するしかありません。

転職のルール 13

スケジュールボードの序列くらいでカリカリしない！
順番を上げたければ、成果を出す！

あなたのための歓迎会なのに、いきなり説教されたら？

転職者を迎えると、コロナ禍以前では最初の週末や月末あたりに「歓迎会」を催してくれるのが普通でした。コロナ禍ではこれがオンライン歓迎会に変わり、リアル歓迎会に比べて臨場感に欠けますが、ここはひとつ、素直に歓迎してもらいましょう。

歓迎会は自分を知ってもらういい機会です。ビジネスの場面において、どういうときに人に好感を持たれるかと言えば、実はビジネスとは関係ない、意外な一面が垣間見えたときです。そんな人間の心理を利用しない手はありません。

何でもいいのですが、たとえば、〝一発芸〟を披露するのはいい手です。下手でもいいからタレントのモノマネをする、手品を披露する、などです。「何かやってよ」というリクエストに一所懸命応えようとしている姿を見れば、新しく仲間になる人たちからの好感度も上がります。リモートではなかなか芸を見せるのが難しい場合は、オンライン飲み会用のゲームをネットで検索しておいて、それをみんなと楽しむのでもいいでしょう。

ここで打ち解ければ、そのあとの仕事にスムーズに入ることができます。**できるかぎり自分の個性を知ってもらうために、少しずつでもいいから全員と話をすることが大事です。**

オンライン飲み会の場合、注意したいのが飲みすぎること。自分のペースでセーブが利かなくなると、ついうっかりの一言を言ってしまうかもしれません。そのとき、「説教魔」がそこにいたら最悪です。「キミがいた会社とウチとでは格が違う」とはじまってしまうとその場が一瞬にして固まってしまいます。場合によっては「何を間違って、ウチの会社に転職してきたの？」などと失礼なことを言ってくる人もいるかもしれません。

真面目な人はこれを真に受けて「自分は歓迎されていないのかもしれない……」といきなりやる気モードに水をかけられた気分です。**飲み会でのこうしたトラブルは新しい組織の門をくぐるときの通過儀礼として、右から左へと聞き流しておけばよいのです。**

転職のルール 14

オンライン歓迎会では全員と会話しながら、自分の個性を見せよう！

入社第１週

まとめ

「ま、こんなもんさ」……、肩の力を抜いて、期待値を下げる！

転職は、自分の可能性を広げたり、さらに大きな仕事にチャレンジができたり、と素晴らしい未来に向けて、成功のきっかけになる人生の大きなイベントです。

しかし、あまりに大きな期待を抱いていると、小さなトラブルでもそれがことごとく破れたかのように錯覚してショックを受けかねません。

会社に行って、すでにきちんと受け入れ体制ができていたら感謝してください。自分の席がすでにあれば、また感謝です。歓迎会をしていただけるなど、本当にありがたいことです。「幸せの基準を下げること」これができれば、第１週目は無事乗り切れます。

The 1st month

入社1カ月まで

会社の人、会社のことを知る

人間関係こそ大事。社内人脈はどうやってつくる？

転職してすぐに、いきなり大きな仕事を任されることはまずないでしょう。時間的に余裕のあるこういう時期こそ、将来に向けての布石をしっかりと打っておきたいものです。なかでも、人間関係はかなり意識して、できるかぎり多く築いておきましょう。

そのための一番の近道は、上司や新しい同僚に付いてまわって、社内外のあちこちの方に会わせてもらうことです。そうした人たちとお話をして、**ちょっとでもいいから名前と顔を覚えてもらうことが、この時期最も大事なことになります。**

良い人間関係を築くには、相手との何らかの接点を見つけることが基本となります。**共通項を持っている相手には親近感を覚えやすいので、出身地や出身校など相手のバックグラウンドの中に接点を見つけられると最高です。**とくに「出身大学や高校が同じ」というのは、相手とのかなり強い共通項です。会社によっては社内に同じ学校のＯＢ・ＯＧ会があったりしますので、もし自分と同じ大学出身の人たちがそうしたグループを組織しているのなら、その人たちとコンタクトをとっておくと早く会社に馴染めます。

また、学生時代にやっていたスポーツや趣味、ペットなど、プライベート面での共通点も関係構築にはとても有効です。それが一般的にはマニアックな少数派と思われているものなら、なおさら親近感が増すはずです。

ちなみに私は学生時代、ハンドボールをやっていたのですが、ハンドボールと言えばそれがどんなスポーツかよく知らない人も少なくないマイナースポーツです。ですから、「実は昔、ハンドボールをやってまして」なんていう人に出会うと、それだけで相手に心を許しそうになります。人間の感情というのは、かなり単純なもののようです。

「会社には仕事をしに行くのであって、友達をつくるところではない」と思う人もいるかもしれません。とくに、30～40代で転職を考える場合、それまでに多かれ少なかれ会社の人間関係で苦労した経験を持ち、それが転職の動機になっている場合もあるでしょうから、「何をいまさら」と思うかもしれません。しかし、組織（会社）というのは、人が集まって成り立っているものです。どんなにあなたが高い能力を持っていたとしても、周囲の協力なくしては仕事になりません。

よく言われるように、中途入社者の弱点は、何か情報が欲しいと思ったときにも、気兼ねなく尋ねることのできる社内人脈がないことです。立場が逆だったとして、ある日突然、別の部署に所属しているらしい見ず知らずの人からメールで「そちらの業務の状況を教えてほしい」と聞かれても、社交辞令的にしか答えないのではないでしょうか。

たとえ相手が直接出向いてきたとしても、初対面の人にいきなり詳しい内情を話せるはずがありません。しかし、相手との間に何らかの感情の絆が少しでもあれば、「ここはひとつ、相談にのってやるか」という気になるものです。

〝人〟はビジネスのうえで最も貴重な財産です。社内にコネもツテもなく、もちろん実績もない転職者は、そのありがたみをこれまで以上に感じるでしょう。**友達づくりではなく、自分の仕事をうまく進めるための財産を殖やすのだと考えて、せっせと人間関係を築いてください。**

転職のルール 15

上司、同僚のバックグラウンドを探ろう！
思わぬところにあなたとの接点がある。

社内サークルが身を助ける？ インフォーマル・コミュニケーションの重要性

The 1st month

重要なので、もう1つ人間関係の話です。

禁煙・分煙化もすっかり進み、喫煙者は職場でかなり肩身の狭い思いをしているとお聞きします。ところが、スモーカーは、こと転職に関するかぎりたいへん有利なのです！

分煙のための〝喫煙所〟が設けられている会社がありますが、ちょっと肩身の狭い者同士というのか、その空間の中では序列や部署、年代を超えた友情（？）が育ち、インフォーマルで多様な人間関係ができやすいのです。

入社5年目の人も1週間目の人も、他部署の役付でも、事業部長でも、喫煙所では〝心を許せる仲間〟。「君、新しくきた人？　よろしくね」などという会話が自然と交わされて、数回顔を合わせるうちに「まだマル秘だけど、いまウチではこんな話が進んでいるんだ」というような情報をもらえるかもしれません。

また喫煙所がいいのは、会社のいろんな部署、いろんな世代の人が集まることです。転職者の最大の弱みは、社内の縦横斜めの人的ネットワークがなく、直接の上司からのフォーマルな情報にしか頼れないことです。ところが喫煙所は、まさに縦横斜めからの情報が入り乱れる場所であり、ここに頻繁に出入りしておくことで、たくさんの役に立つ情報を得ることができます。たとえば、直属の上司からもたらされる情報が頼りにならない場合、「本当のところどうなんですかねえ」と気楽に聞くこともできるわけです。

私はタバコを吸いませんが、こうした人間関係ができる場が仕事を進めていくうえでいかに大切か、いつも痛感しています。

ある会社に通いはじめて3週間目のこと。そろそろ何か自分なりのプランを提示しようと考え、そのために社内の情報を集めはじめました。ちょうどそのころ、中国のマーケットが気になっていたのでアジア地区担当の部署に行き、自分と同世代の社員に「いま、この会社は中国で何を主力商品として売っていて、セールスの状況はどんな感じなんですか?」と本当に軽く聞いてみたのです。

すると彼は、「そういう話は、上司を通してもらわないと困るんですよね」と完全に拒絶です。まあ、彼と私はほとんど初対面だったので、相手が警戒するのも無理はないでしょう。さらに、私が知らなかっただけで、その会社には「他部署の情報を得るには、自分の部署と相手の部署、双方の上司の許可が必要」という暗黙のルールがあったようです。そのルールを破ったばかりに、私はアジア地区担当の部長にはもちろん、私の業務の担当の部長にも「勝手に情報収集しないでくれ」と厳しく注意されてしまったのです。

その前の職場が「コミュニケーションが仕事」のような会社で、部署間の風通しも非常に良かったこともあって、ちょっとした情報収集にも「上司の許可が必要」というルールはとても面倒に思えました。しかも、私が聞きたかったのは、込み入った秘密の話ではなく、一般的な状況を聞きたかっただけなのですから。

こんな状況ですから、当然ながら、仕事もなかなか自分の思うようにははかどりません。はたして、自分はここでやっていけるのだろうかと、仕事をはじめて3週間にして暗澹たる気持ちになったものです。こういったときも、社内にインフォーマルな人脈があれば、警戒されずに情報収集ができたはずです。

私の場合、フラストレーションを抱えながらもルールに慣れるしかありませんでしたが、もし私が喫煙所の常連だったらどうだったか。おそらく、もっと快適な毎日を過ごすことができ、仕事ももっと早く進めることができたでしょう。

そこで、「転職先でいち早く成功したいなら、皆さんタバコを吸いましょう！」……と言いたいところですが、そういう時代ではありません。そのかわりに、**インフォーマルな付き合いのできる場に努めて出かけていくようにすることをおすすめします。**社内のサークル活動（テニス部や華道部）などに積極的に参加するのは、縦横斜めの人間関係をつくるために、とても良いことだと思います。

転職のルール 16

転職成功の秘訣は、インフォーマルな付き合いのできる場所です。

同僚や上司から飲み会の誘い。でも、お酒はあまり好きじゃないし……

The 1st month

「飲みニケーション」という言葉はコロナ禍では「オンライン飲み会」と呼ばれるようになりました。日本の企業でも最近は、仕事さえ一生懸命やれば、飲み会には出なくてもいいという会社が増えていますが、私が見るかぎり、まだまだ家族的というか、みんなで飲みながら話すのが好きな会社も多い気がします。

仕事が終わってまで会社の人と会っていたくない、という気持ちはよくわかりますが、人間の心理としては顔を合わせる時間が長い、あるいは回数が多いほうが当然、親密度が増すものです。

会社で働いているかぎり、自分1人で仕事はできないので、ふだんから親密度を高めておくにこしたことはありません。**少なくとも転職したばかりのときは、誘われた飲み会にはできるかぎり出るくらいの心づもりでいたほうがいいでしょう。**

さて、飲み会で話題になることと言えば、その席にいない上司や先輩の悪口、幹部に関するゴシップ、あるいは社内に流れる男女のうわさなどなど。不思議なもので新しく入ってきた人間にはみんな、そういう話を吹き込みたくなるようです。

聞かされるのは、ほとんどワイドショーのネタにあるような話ばかりでうんざりするでしょうが、これも適当にあしらっておきましょう。**間違っても、一緒になって誰かの悪口を言わないこと。**たとえ「あいつ、いやなヤツだと思わない?」と同意を求められても、首を縦にも横にも振らずにただ、ふんふんと聞いておくのが賢明です。

そして、こうしたうわさ話の中に、案外、使える情報が潜んでいます。

とくに聞き逃せないのは、社内における直属の上司の評判や、社内の人間関係に関する話。はたして自分の上司はどれだけ影響力があるのか、企画を通したいと思ったときにどういうルートをたどって話を持っていけばいいのか、上司同士の力関係はどうなっているのか……。こうした情報は、あなたが今後、会社の中で生き抜くためには、ぜひつかんでおきたいものです。

ゴシップは聞き流し、有用な情報だけを頭の中にストックしておく。そんな姿勢で臨めば、「くだらない」と思える飲み会も、圧倒的に社内の情報に疎い転職者にとっては貴重

な〝**情報収集の場**〟**となるでしょう。**ただ、もう十分に吸収し終わったと思ったなら、飲み会への参加は適当なレベルにとどめればいいと思います。

転職のルール17

たとえ嫌いでも、最初だけは飲み会に付き合おう。

一緒に入った数少ない仲間、中途同期とはどう付き合う？

転職後、まったく知り合いのいない集団に身を置き、しかも必ずしも歓待されているわけではないので、最初の1カ月くらい、精神的にストレスの多い日々を過ごすことと思います。

そんなとき、頼りになるのが中途同期とのつながり。新卒の場合と違って、同期といっても相手が年上だったり年下だったりするので、相手のことを「〇〇さん」と呼ぶような丁寧な言葉づかいになるでしょうが、新卒のときよりむしろ仲良くなれるかもしれません。なぜなら、お互いに新しい職場で同じように不安な状況にいるために、中途同期の間には連帯感が生じやすいからです。「そちらの部署は、どう？」なんていう情報交換をしながら、お互いに励まし合うこともできるでしょう。

仕事のうえでも、転職者は当初社内にまったくコネがないので、中途同期の人脈や情報も頼りになります。まずはここから社内ネットワークを広げると考えて、中途同期との付

き合いを大切にしてください。

かといって全面的に信頼していいのかというと、それはちょっとどうかと言わざるをえません。これはお互いさまなのですが、中途の場合はその人のバックグラウンドや、これまで何をやってきたのか、どんな人間性なのかといった情報がほとんどないので、その人が信用できる人物なのかどうか、本当のところはわからないからです。

中途同期が顔が広いということでその人脈を頼ったことでかえって問題が起きたり、情報が不正確だったりして仕事がうまく進まないという恐れもあります。

つまり、中途同期のネットワークは心強い命綱となるか、逆に足を引っ張られる綱となるか、非常にきわどいところかもしれません。**親しくなりやすいだけに、相手を正しくチェックし、慎重に付き合っていく必要があるのです。**

転職のルール
18

中途同期のネットワークは重要だが、100%の信頼を置いてはいけない。

〝親切な人〟には要注意！はずれ情報を信じない！

社内人脈もなく、わからないことだらけの転職者に、優しくいろいろと話しかけてくれる人が、どこの会社にも1人はいるものです。会社の昔の話などを懇切丁寧に教えてくれて、「自分は歓迎されていないかも？」と感じはじめているあなたにとって、そういう人はまるで救いの主に見えるかもしれません。肩書きだってそこそこの管理職の肩書きです。どんなところにも、〝親切な人〟はいるんだ、と心強く思ったりするはずです。

しかし、こういった〝親切な人〟には気をつけなければなりません。

私の経験をお話ししましょう。

新しい職場で、市場調査の結果をプレゼンすることになり、その会社の過去の業績について資料をひっくり返して調べていたときのことです。50代の、しかも隣の部署のAさんが近づいてきて、「何か困ってる？　教えてあげようか？」と言ってくれたのです。

整理されていない資料の山を前にして途方にくれていた私にとって、それはありがたい申し出で、何てこの人は親切な人なのだろうと思ってしまいました。事実、彼はとても親切で、私にいろいろな情報を教えてくれました。

そして、プレゼンです。私はＡさんから教えてもらった情報をもとに組み立てた、１つの調査結果を報告したのですが、それに対して、上司がこう言ったのです。

「君はそのデータをどこで調べた？」

私は、正直に「Ａさんからです」と言うと、

「そのデータは昔につくったもので、あまりいいものではなかったのでいまは使っていないんだ。もう一度、ゼロからやり直してほしい」

あとでわかったことですが、Ａさんは会社の主流からとっくにはずれていて、新しい情報を持っていませんでした。彼の言うことは間違いではなかったのですが、それは「いまは昔」の話で、社会も会社をとりまく状況も現在はまるで違っており、昔のデータが使えないことを彼は知らされていなかったというわけです。

Ａさんは性格的には良い人だったのですが、イコール「仕事ができる」人ではなかった。

つまり、〝親切な人〟というのは、本流からはずれて仕事がないから手がすいていて暇で

ある↓誰か話を聞いてくれそうな困っている人間に近寄っていく、というパターンが少なくないのです。

長く会社にいる人なら、彼の言うことを鵜呑みにしなかったでしょう。でも、その会社にかかわって間もない私には、彼が社内でどう思われているのかなどわかりません。

私が経験したように、最初のプレゼンなどで「ここぞ」というときに、自分の意見の根拠となる情報や資料が誤っていたり古かったりすることがわかった瞬間、一瞬にして説得力を失うということになります。もし、上司があなたに期待をしているとしたら、「彼・彼女を採用したのは間違いだったか」と失望させることにもなりかねません。**情報の裏を取るときには、裏取り先をしっかり見極めること。くれぐれも、〝親切な人〟がどんな人なのかには注意が必要です。**

転職のルール 19

「親切な人」は、必ずしも「できる人」ではない。

同報メールの発信元が実は社内のキーマン!?

前項の〝親切な人〟と違い、「そうは見えないのに、実は頼りになる存在」が、同報メールの発信者です。社内の行事やイベントなどのお知らせメールは頻繁に届くものです。おそらく、ふだんはサッと読み流して削除してしまうでしょうが、転職したばかりの人には宝の情報をもたらしてくれます。といってもメールの内容ではなく、メールの発信者です。

社内のお知らせメールを発信するのは、総務や人事などの管理部門の人だったりします。彼らは社内に広くネットワークを持っているので、親しくなると何かと便利です。

さて、こうした〝真のキーマン〟と親しくするには、どうしたらいいのでしょうか。

緊急のもの以外、大した内容ではないことの多い同報メールですが、よく読んでみるとその中に1つか2つ、わからないことが見つかるものです。とくに転職者にとっては、社内でのみ使われている略語や、皆が知っているのでわざわざ説明しない昔の出来事などはさっぱりわかりません。それを「これって、どういうことですか？」と返信します。席が

The 1st month

遠くなければ、直接本人のところへ行って質問するとよいでしょう。

もし、誰でもわかるような内容で不明な点など見つからなかったとしても、そこはよそから新しく入った転職者の立場を利用しない手はありません。無邪気に「これは何のことでしょうか？」と訊いても許してもらえます。

すると、同報メールについて質問をする人など珍しいので、相手は質問に親切に答えてくれるでしょう。そこであなたが、「中途で入って、わからないことばかりなので、これからもいろいろとご指導ください」と言えば、相手も悪い気はしません。そこで会社についてさらに知りたい質問の1つでもすると、相手との距離がより近づきます。

ただし、この方法が使えるのは、せいぜい転職して3カ月目ぐらいまでです。それ以後もやっていると、ただの「飲み込みの悪いヤツ」と思われるだけなので気をつけましょう。

転職のルール 20

同報メールに返信し、「頼りになる人」を探す。

身近に信頼できる人を見つけ出す、もう1つの方法

誰も教えてくれない、向こうから手をさしのべてくれる人は、実は頼りにならない……といっても、せっかく苦労して転職したのですから、何とか生き抜かなくちゃいけません。プレゼンで私のような失敗をしないためにも、**なるべく早い時期にいいメンター（相談者・支援者）を見つけることが必要です。**

はじめて報告書を提出したり、はじめてプレゼンに臨むときなどには、言葉の使い方、数字の単位などに社内的に間違いがないか、メンターにチェックをしてもらいましょう。

そんなことは常識でわかると思うかもしれませんが、言葉の使い方や数字の単位などは、実は会社によってさまざまなので（詳しくは後述）、1人でわかったような気でいると大失敗するおそれがあるのです。

では、どういう人がメンターとして信頼できるのでしょうか？

ひと言で言うと、**「ベテランで、面倒見がいい人」**。私の経験から言うと、抜群にキレ者

ではないけれど信頼されている、いい人です。

こう言うと、先の〝親切な人〟と同じように思えますが、両者はまったく違います。メンターにふさわしい人は決してヒマではなく、上からも下からも信望が厚い人。オフィスの中をぐるりと見回して、しばらく観察してみてください。なかに、自然と人が集まってくるような人がいませんか？　何かにつけて若い社員がその人のもとに相談に行く。そういう人は必ずいます。もし部署内に見つからなかったら隣の部署の人でもいいので、この1カ月以内に見つけておきましょう。

わからないこと、はじめて行うことについては、必ずメンターに「相談させていただいてもいいですか？」「教えていただきたいことがあります……」と訊きに行くことです。

転職者の中には、「仕事がデキないと思われたくない」という意識があって、疑問や悩みを自分1人で抱え込む人がいます。でもその結果、仕事がはかどらなかったり、うっかりすると〝親切な人〟に頼ってしまったりと、いいことはありません。

とにかく、メンターに何でも相談する。メンターの存在が、転職成功のカギを握っていると言ってもいいでしょう。

なお、メンターとまでいかなくても、わからないことがあった場合、年下の社員に教えてもらうことがあるでしょう。プライドの高い人や前職で管理職だった人などは年下に教えを請うのに、どうしても上から目線になりがちです。ここで変なプライドにこだわっていると、職場の人から敬遠されるだけです。

芸能界では年齢より芸歴の長さがモノを言うように、会社でも社歴が長ければ年下でも中途入社のあなたにとっては「先輩」です。これは異動で部署を移った場合も同じですが、**年下でも先輩なら敬意を持って接するようにします。**

逆に、相手が年上のあなたに対して尊大な態度をとったとしても、グッとこらえましょう。社歴は短くても社会人としてのキャリアはあなたのほうが長いし、会社に慣れさえすれば、経験と実力ですぐに、「年下の先輩」を超えられるはずです。それまでは相手にちょっと威張らせてもいいか……ぐらいの気持ちでいることが大事です。

転職のルール 21

近くにメンター（支援者・相談者）を見つけよう。手助けをしてくれる人は必ずいる。

Column

オーナー企業では、「白鳥もときどき黒い」

転職したい！　という人の中には、大企業の中で組織の歯車として働くことに嫌気がさし、「もっと自分の力を試せる場所で働きたい」と、中小規模のベンチャー企業への転職を希望する人もいると思います。確かに、規模が小さい企業は大企業に比べると社員1人ひとりが責任ある仕事を任されやすいでしょう。実力を発揮して、思う存分に活躍できる可能性も高いと思います。

でも、皆さんベンチャー企業はだいたい（ほぼ）オーナー企業だということを理解していますか？　そしてオーナー企業で働くということはどういうことかわかっていますか？

大企業が合意形成に時間がかかり、しかも思い切った政策をとることができにくい民主主義国家なら、中小企業はさしずめオーナー社長の独裁国家といったところでしょうか。つまり、会社の中ではオーナー社長が絶対的存在なのです。この事実に気づかないまま転職をすると、あとで苦労することになります。

自分で会社を起こし成功させてきた社長は、自信にあふれ、カリスマ的な魅力を持つ人が少なくありません。それでいて社員にも気さくに接し、社内には元気で自由な空気が流れている会社もあります。

しかし、そんな企業でもオーナーはオーナーです。法的には会社の財産とオーナーの財産は違っていても、実質的及び精神的にはすべてオーナーの財産です。ビジネスを誰かに任せていても、自分の代行をやってもらっているという感覚です。ですから、オーナー社長の考えること、言うことがすべて。それこそ社長が「黒い」といったら白鳥も黒いのです。

すると、せっかく転職したのにオーナー企業では自分の力など発揮できないのでしょうか?

現実的なことを言うと、こういう企業で成功するには、オーナー社長のお気に入りになる、もしくはオーナーのお気に入りのお気に入りにならないと、なかなか日の目を見ることができません。その点、むしろ大企業のほうが、恣意的な人事が行われないように気を配っています。オーナー企業では、成果をあげたからといってあなたが出世するとは限りません。成果をあげていなくてもお気に入りの人はどんどん出世しますし、成果をあげても嫌われていれば最低限の出世にとどまります。

しかし、あなたが本当にその会社の製品なり事業が好きで、働きたい！　と望んで転職したのだとしたら、ここは覚悟を決めて、独裁政権の中でどうやってしたたかに生き抜くかを考えましょう。

基本戦略は2つです。徹底的に媚びてお気に入りになるか、あなたなしでは会社がまわらないような状況をつくり出すかのいずれかです。

まず、「媚び戦略」ですが、すでにオーナーの周りには、お追従たちが群がっていますから、彼・彼女たちに勝たなくてはなりません。社長に逐一報告に行く、社長と同じ趣味を持つなど、けっこう涙ぐましい努力をする必要があります。

ごくたまに、言いたいことを言い、やりたいことをやりながら社長から好かれる人もいますが、それはおそらく社長と相性がいいだけであって、それを普通の人が真似ると結果はみじめです。このように、いろいろな努力は必要ですが、お気に入りになれば、かなりのことをあなたの権限で実行することが可能になりますので楽しみも増えます。

もう1つの戦略である「あなたがいないと会社がまわらないようにする」は、真面目な努力で成果をあげ続け、会社の内外に、あなたの地位を確立することです。一度や二度、誰かに手柄を横取りされたくらいのことでめげてはいけません。ただ会社の将来の発展を願って地道にコツコツとがんばり、成果を出し続けるのです。大企業と違って社員数がそれほど多くありませんから、必ずあなたがオーナーから認められる日がくるでしょう。

いずれにせよ、オーナーから目をかけてもらえるようにがんばってください。

それってどんな意味!? いまさら聞くに聞けないこともある

同じ業種や同じ職種に転職をしたとしても、わからないことや知らない言葉に出くわすことがしばしばあります。ましてや別の業種に変わるとまったく知らない言葉(=概念)だらけの中で仕事をしていかなくてはならないかもしれません。

私の例で言うと、ある会社の営業部門の仕事をはじめたとき、債権管理の話が会議の議題の中心になっていることに面食らってしまいました。というのも、それまでは経営の安定した大企業を相手にした事業ばかりだったため、相手の経営状況をシビアにチェックするという習慣があまりなかったからです。もし、そういう問題があった場合には、専門部署に回して事足りていたのです。

ところが、この会社では、多くの零細企業を相手にしているため、きちんと回収するところまでが営業担当者の業務で、債権回収まできちんとできないとまともな営業担当者とは認められないような会社でした。

したがって、はじめて会議に出席すると「手形がジャンプして」「与信枠を下げて」「債権者会議に出ると」「債権譲渡してもらって」……という言葉が飛び交っていました。そのときはこういった分野の知識もほとんどありませんでしたから、会議で何が問題になっているかも正直ほとんどわからなかったのです。

しかし、その場にいる人があまりにも普通に使っている言葉に対して、「それはどういう意味ですか？」とはいちいち訊けません。また、ひょっとするとその業界では常識として知っていなければならない話や言葉かもしれない。だとしたら、知らないこと自体が恥ずかしいし、自分の点数を下げてしまうので、「いまさら聞くに聞けない」となってしまうのです。

最先端の業界に転職したとなると、もっと大変でしょう。技術の進化のスピードが非常に速いので、それにともなって専門用語が次々に生まれます。そんなところへいきなり異業種から転職したら、ほんとにちんぷんかんぷんです。

明らかにそれが業界、あるいはその会社特有の言葉なら「わからないのですが」と訊けますが、私の「債権譲渡」の例のように一般常識として当然知っているはず、とされているような言葉や話は正直なかなか訊けません。自分自身、恥ずかしいと思うだけでなく、周囲が「新卒ではなく中途入社なのだから、一般常識は身についているはず」と思っているからです。

かといって、そのままやり過ごしてしまうと、どんどん取り残されます。ですから、その場では「ふんふん」と知っているふりをしながら、**家に帰ってすぐに調べ、次にその言葉、話題が出たときには自分もすっかり使いこなせるぐらいまで勉強しておいてください。**

いまやどんな事柄でもネット検索でおおよそのことがわかる便利な時代です。

また、未知のことを調べるのは手間と時間がかかるものなので、仕事が本格的にスタートする前のこの時期に、ぜひ済ませておきましょう。

転職のルール 22

「いまさら聞くに聞けない」ことは、家に帰って調べまくる！

社内用語が続出。いちいち質問してたら話が進まない！

The 1st month

「ロケのインカム、とくに自販機が落ちているので、売上が上がっていないようだ。オペレーターの投資意欲はどうか？　ＢＰへの影響はどうか？」

私がアミューズメント系企業で仕事をしはじめたとき、２週目に耳に飛び込んできた取締役の言葉です。この意味わかりますか？　私は、意味どころかこれが日本語だと気づくのに、少々時間がかかりました。ロケって撮影のこと？　インカムってテレビのディレクターやイベントスタッフがつけているあれ？　ＢＰって、いったい何？

あとで隣の人に聞いてみると、このセリフは次のような意味でした。

「ロケ（＝ロケーションの略、意味的には、ゲームセンター）のインカム（＝お客さんがゲームにつぎ込んでくれているお金）、とくに自販機（＝お金を投入すると何かが出てくるタイプのゲーム、当時はもっぱらプリクラが主流だった）が落ちているので、売上（＝ゲームセンターに対してメーカーが売るソフト付きのゲーム機の売上）が上がっていないようだ。オペレーター（＝ゲームセンターを経営する会社）の投資意欲（ゲーム機を買う意欲）はどうか？　ＢＰ（＝ビジネスプラン、会社によっては予算とか目標と言ったりもする）への影響はどうか？」

最初からそう言ってくれれば意味がわかるのに……と感じるのは私だけで、他の人たちは普通に聞いて、もちろん意味も理解しています。そう、こんなふうに会社や業界には特有の、部外者がちょっと聞いたくらいではまったく意味のわからない、まるで隠語のような言葉や略語、言い回しが存在します。これまで私はいくつもの会社で仕事をしてきましたが、各社、各業界とも、本当にさまざまな〝用語〟があるものだと、つくづく感じています。

転職者は、こうした〝用語〟を1日も早く覚えることが大事です。言葉の意味がわからなければ、会議やミーティングの内容もわかりません。入社後2週間ぐらいはわからなくても許されますが、1カ月たっても覚えられないとなると問題です。会議中に、「ちょっと待ってください。いまの言葉の意味は……」などといちいち訊いて、話の流れを止めることはできません。

社内用語を早く習得することのメリットは、話が理解できるというだけではありません。

社内用語を使うようになると、周囲も「ほぉ、ウチになじめてきたんだな」と思い、あなたに対する態度が変わってきます。

言葉というのはおもしろいもので、その会社の言葉づかいができるかどうかで、その人が内部の人間か外部の人間かを判断できます。したがって、**社内用語が自然に使えるようになれば「われわれの仲間だ」と認めてもらえるのです。**

いつまでも一般用語ばかり使っていると「まだなじめていないんだな」「そもそも、ウチになじむつもりがあるのか？」と思われ、人間関係がいっこうに深まらないのです。別の地方から引っ越してきた人が、いつまでたってもその土地の言葉をしゃべらないと周囲から浮いたまま……というほうが、イメージをつかみやすいでしょうか。

したがって、**意味がよくわからない言葉や言い回しを耳にしたら、まずメモをとり、必ずあとで誰かにその意味を尋ね、覚えていきましょう。**議事録やイントラネットなどにアップされている文章などもチェックしておくといいですね。

そして、そのメモで自分オリジナルの用語集をつくり、できるだけ早くすべての用語を暗記します。2週目ぐらいから実際にそれらの用語を自分で使ってみる。知ったかぶりをせずに、正しく使える自信がなかったら「この使い方で間違ってませんか？」と隣の席の人にでも確認すればいいのです。

すると、よそよそしかった周囲の雰囲気もグッとなごむでしょう。そして何より、あなた自身も「ようやくこの会社になじんできたかな」と感じるはずです。

転職のルール 23

未知の言葉に出会ったらすぐにメモをとろう。それをもとに社内用語集をつくる。

人に聞かずに社内情報を得る、意外に簡単で効率のいい方法

組織内の情報を一元管理するイントラネットは転職者にとって情報の宝庫です。その会社で仕事をしていくうえでの知識やスキル、ツールなどが満載だからです。これらを使いこなすことができれば、ほとんどの業務がカバーできます。

しかも、長くその会社で働いている人たちは、いまさら自分には必要ないと考え、アクセスしたことのない人がけっこういます。そんななかで、ひとり密かにイントラネット上にある情報を吸収したあなたが、それを使って仕事を進めれば、評価も上がるでしょう。

また、イントラネット上にある情報は、あまり使われずにいることが多いので、同報メールの発信者同様、情報システム担当などそれをつくった人に直接教えを請うと喜んでいろいろ教えてくれます。これは、人脈拡大と学習の両面において良い成果につながります。

そして、イントラネットは、社内用語を見つけ出すのにも格好の場所です。会社独特の言い回しや文書の書き方、文書のひな形などがアップされているので、それらのファイル

を開いてチェックし、真似をして文書を作成するようにしてください。

ファイルの数は膨大なので、それをいちいち開いてどこに何があるかを確認するのは、やはり転職後早い時期に済ませておくのが賢明です。

なお、イントラネットは会社の雰囲気を如実に表しています。そこに書かれている文章の内容や書き方が、上意下達っぽく役所の発表のようであれば、その会社は権威主義が強いのかもしれません。社内イベントやサークル活動のお知らせなどが多ければ、社員同士の私的コミュニケーションが認められ、風通しのいい会社だということがわかります。

ややもするとスケジュール管理と社内メールに注目がいきがちなイントラネットですが、早い段階でファイルをすべて開け、どこに何があるかを理解すること。これをするのとしないのとでは、半年後、1年後に大きな差が出ます。

転職のルール 24

イントラネットは宝の山。隅々までチェックして使用法に習熟する。

業務の流れが見えてきた?
部分理解から全体把握へ

さて、転職に成功するために必要なことは、おおざっぱでもいいので、仕事の全体像をつかむことです。そのためにしなければならないことは、**自らの手で、関連する部署との仕事の受け渡しを明らかにした業務フロー図を描いてみることです。これが正しく描ければ、自分が何をやらなければならないかが明確にわかります。**

次ページの図は、私の友人がまったく違う仕事から広告制作の仕事をはじめたときに、全体像を把握するために描いた業務フロー図です。彼は、このフロー図を作成することにより、どのタイミングで何をしなければならないかがわかったと言います。また、前段階の一見無駄そうに見える作業が、後段階でどのように効果を発揮してくるかもわかったそうです。

その話を聞いて以来、私自身もこのようなフロー図を描いていますし、転職する人には、

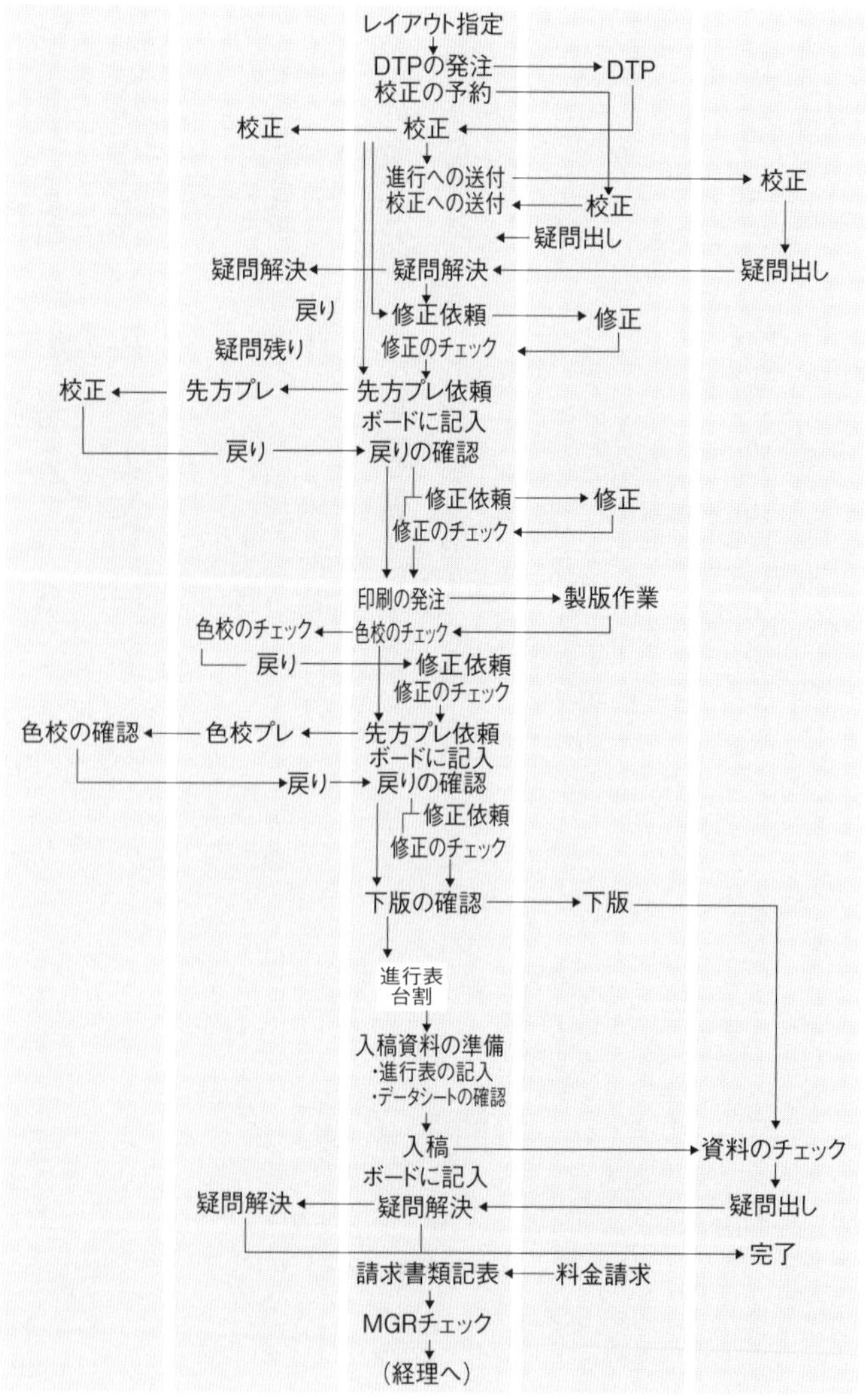
レイアウト指定
DTPの発注
DTP
校正の予約
校正
校正
進行への送付
校正
校正への送付
校正
疑問出し
疑問解決
疑問解決
疑問出し
戻り
修正依頼
修正
疑問残り
修正のチェック
校正
先方プレ
先方プレ依頼
ボードに記入
戻り
戻りの確認
修正依頼
修正
修正のチェック
印刷の発注
製版作業
色校のチェック
色校のチェック
戻り
修正依頼
修正のチェック
色校の確認
色校プレ
先方プレ依頼
ボードに記入
戻り
戻りの確認
修正依頼
修正のチェック
下版の確認
下版
進行表
台割
入稿資料の準備
・進行表の記入
・データシートの確認
入稿
資料のチェック
ボードに記入
疑問解決
疑問解決
疑問出し
完了
請求書類記表
料金請求
MGRチェック
（経理へ）

あるタイアップ広告制作に関する標準業務フロー

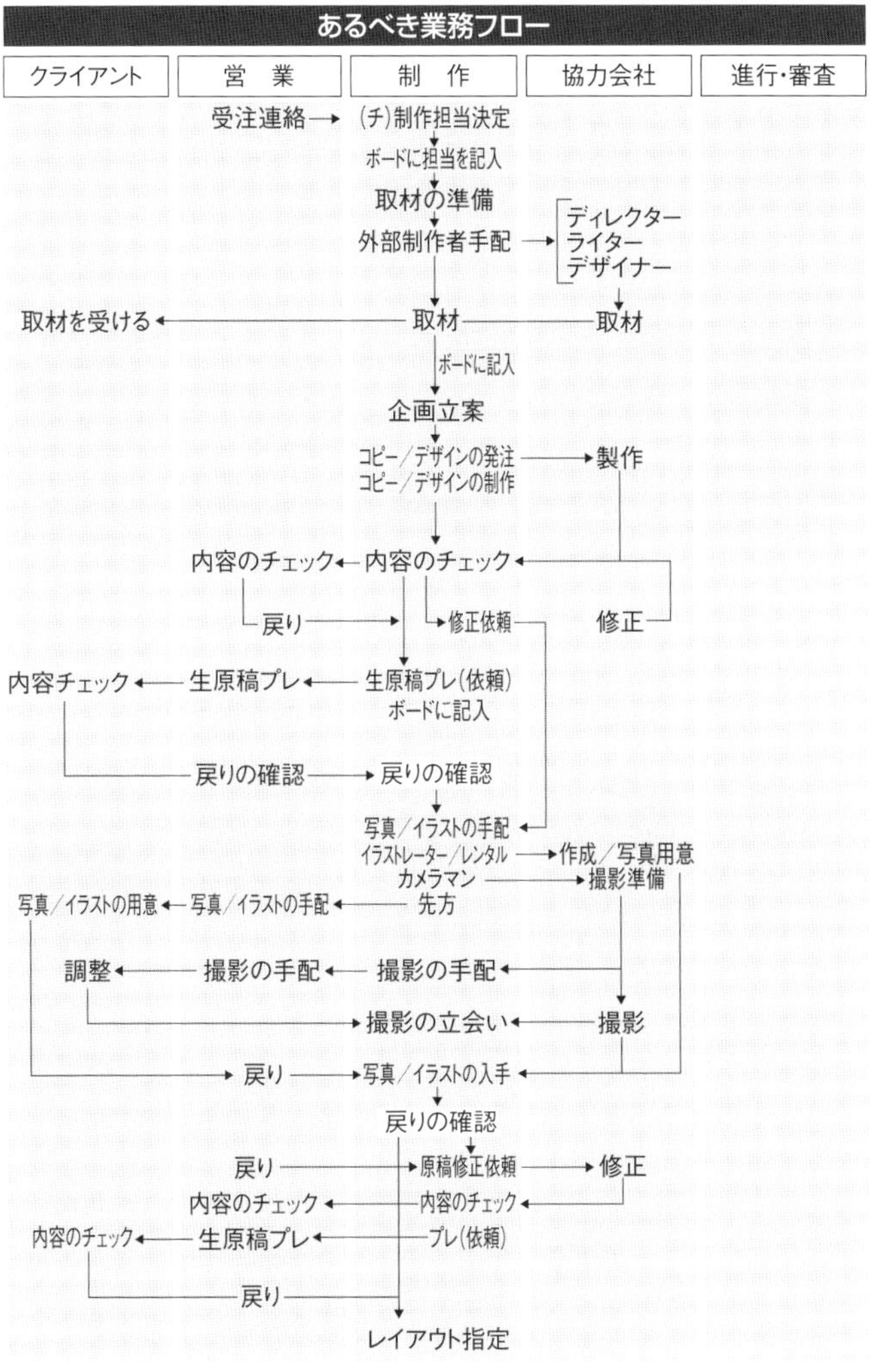
あるべき業務フロー
クライアント
営　業
制　作
協力会社
進行・審査
受注連絡
(チ)制作担当決定
ボードに担当を記入
取材の準備
外部制作者手配
ディレクター
ライター
デザイナー
取材を受ける
取材
取材
ボードに記入
企画立案
コピー／デザインの発注
コピー／デザインの制作
製作
内容のチェック
内容のチェック
戻り
修正依頼
修正
内容チェック
生原稿プレ
生原稿プレ(依頼)
ボードに記入
戻りの確認
戻りの確認
写真／イラストの手配
イラストレーター／レンタル
作成／写真用意
カメラマン
撮影準備
写真／イラストの用意
写真／イラストの手配
先方
調整
撮影の手配
撮影の手配
撮影の立会い
撮影
戻り
写真／イラストの入手
戻りの確認
戻り
原稿修正依頼
修正
内容のチェック
内容のチェック
内容のチェック
生原稿プレ
プレ(依頼)
戻り
レイアウト指定

こういった業務フロー図を1カ月以内に描くことをすすめています。
そして多くの人たちから、この業務フロー図の作成が仕事の全体像を把握するのにたいへん効果的であったという声を聞きます。皆さんもぜひやってみてください。

転職のルール 25

業務フロー図を自らの手で描き、業務の全体像を把握しよう。

もっと会社のことが知りたい！まず何を調べる？

The 1st month

会議やミーティングに出席するまでに、社内用語と並んで覚えておきたいのが、会社の〝数字〟です。通常でも会議などで自分の意見を言う際に、その根拠として数字を出すとたんに説得力を増しますが、転職や異動などで新しく入ってきた人が会社の数字を知っていると、思わぬ効果があります。

教材関連の会社ではじめての会議に出席したときのことです。その会社では顧客ニーズの変化について、「3年ぐらい前は20代後半の女性が過半数を超えていたけど、最近は30代前半の男性が増えてきたよね」というような話がされていました。

しかし、私はそのあたりの正確な数字を知っていたので、「20代後半の女性が過半数を超えていたのは確か5年前まででした。30代前半の男性が増えたのは、新商品Xを出してからだと思いますが……。間違っていたらすみません」と言ったのです。

すると、「そうだ、そうだ。X以降だった。それにしてもキミ、すごいなあ」「ウチに来たばかりなのに、よく調べたなぁ」とその場にいた人たちに感心されることしきり。会社に長くいる人たちは、総売上はどのくらい、それは年度比でどれくらい……、とアバウトには知っているものの、正確な数字は案外把握していないものなのです。

私は別に、ほめられようと思って数字を覚えたわけではなく、会社のことが知りたくていろいろ調べているうちに覚えてしまっただけなのですが、結果として評価を得ることになり仕事を無事スタートさせることができました。

この一件以来、新しい仕事をはじめる際には、会社の数字を頭にたたき込むようになりました。覚えるのは、5年程度の売上・経常利益推移、顧客ごとの売上構成比、地域ごとの売上構成比、投資総額と投資の中身の大枠、コストの構造、限界利益率と損益分岐点くらいです。

店舗を運営しているような会社では、いくつかあるモデル店舗（たいてい都心と郊外など、いくつかのモデル店舗がある）の初期投資額、売上、コストの構造、利益率など。**これらの数字を暗記しておくと、その会社がどこをどうしようとしているのか、経営の意思**

決定が明確にわかるので便利です。

また、こういう数字を覚えていると、この数字を比較の対象にすることにより、価値判断が可能になります。お店に出かけたときも、モデル店舗と数字を比較すれば、このお店の何が問題なのか想像することができるでしょう。

ただ会社によっては、あまり数字を全面に押し出しすぎると、「嫌味なやつ」として敬遠されるところもあります。そういう会社では大事なときにだけ、使うようにしてください。

転職のルール 26

会社の重要な数字を暗記しておけば、発言の重みが増す。

さらなる社内情報を求めて、その会社の「社史」を探す！

突然ですが、あなたは会社の社史を読んだことがありますか？　そう、新卒のときに入社式でもらった、あの分厚い冊子です。ひょっとして、1ページも開かれることがないいま、本棚の片隅でホコリにまみれているのではないでしょうか。新卒の場合はそれでもいいのです。しかし、転職者は社史を大事にしなければなりません。

社史は、言ってみれば会社の成長記録です。そこには、どういう生い立ちで、どういう経緯をたどっていまの姿があるのか、成長の途中でどんな成功があり、どんな挫折をして、どう立ち直ったのか……、といったことなどが書かれています。そのストーリーのあらすじを、あたかも自分の話として話せるぐらいに読み込んでおいてほしいのです。

その理由は2つあります。1つは**会社の人、とくに上司との共通項ができるからです。**過去のエピソード、それも成功話よりもピンチに立たされて、そこをどうくぐり抜けたのか、挫折からどう復活したのか、というような話を覚えておくといいでしょう。

上司が若いころに経験した話が出ているなら、それもしっかり覚えておけば、「あのときは大変だった。でも、みんなで一丸となって復活を果たしたんだ」というような、上司の昔話にも付き合うことができます。「そのとき、○○さん（上司のこと）は営業で活躍されたんですよね？」などと言えば、相手の心をつかめるだけでなく、いろいろなビジネス上の工夫などの貴重な情報を教えてもらうことができます。もう１つは、**転職先で活躍しようと思ったとき、社史はある意味で、仕事を進める指針となるからです。**

会社のエピソードは単なる物語ではなく、そこから会社が何を一番優先し、どういうことに最も価値を置いているか、逆にタブーは何なのかといった会社の基本的な考え方や姿勢を読み取ることができるのです。

たとえば、A社は大きな会社に便乗したビジネスで成功したことが社史からわかったとします。そういう会社の場合、多くは次にどの会社に便乗するかを間違わないようにすることが経営陣の最大の注目点です。このような模倣思考の会社に、ビジネスは自分で切り開くものだと考えている人が転職するとガッカリします。早めにそのことに気づき、自分を修正していかなければA社には適応できません。

B社は、他の大手企業と提携をして資本参加を仰ぎ、その会社をどんどん上場させることでキャピタルゲイン（資産の売却益）を得て大きくなったことが社史からわかりました。新会社には、自分の会社と提携先の大手企業から仕事を発注しますので、最初からある程度の売上と利益が確保できます。そのうえで他社の仕事もとれば十分に株式公開できる企業となります。こうしたB社では、地道に仕事をやることよりも、知恵を使っていろいろな人脈を駆使し、上手に立ち回る人が評価される可能性が高いわけです。

また、C社では、すべての成功がオーナー社長の英雄的な行為によってなされたと社史に記述されています。自明のことですが、こういう会社は、オーナーの独裁色が強い会社でしょう。C社ではオーナーに意見することすら難しい可能性があります。

いずれにせよ、**社史は〝宝の山〟です。とくに転職者は、会社の歴史を知ることによって会社に早く溶け込むことができます。**

転職のルール 27

社史は宝の山。読みこなして会社の歴史を知る！

会議にも礼儀作法がある?　マナーを知らずにいると……

1つの会社に勤め続けていると気がつかないものですが、会議にも会社ごとにルールがあって、これが会社によってかなり違います。それを知らずに会議で発言するのは、何のトレーニングもせずにいきなり格闘技のリングに上がるようなもので、たちまち叩きのめされてしまいます。

会議のルールを知るためにチェックするのは、まず席順です。席順が暗黙のルールとして決まっていることも多く、座る場所を間違えようものなら「入ったばかりのくせに生意気だ!」と思われかねません。

こうしたルールのある会社では、新卒は末席と決まっていますが、中途入社で部署内での位置がまだ定まっていない場合は、どこに座っていいかわかりません。こんなときは自己判断をせず、必ず同僚か直属の上司に確認しましょう。前述したスケジュールボードの順番が参考になるかもしれません。

The 1st month

次に、発言の順番です。思いついたことを自由に発言できる会社もありますが、席順と同様に権威主義的な会社では発言の順番も決まっているようです。途中で質問をしてもいいかどうかかも会社によって違っていて、私自身、「途中で質問するのは、上司を侮辱することになる」と言われて驚いたことがあります。

さらに、**いざ発言する際は言葉づかいにも気をつけなければなりません。**たとえば、伝統のある大手企業の方は語尾を「~と思われます」という言い方をする人が多いようです。思っているのはあなたではないんですか？　と詰め寄りたくなりますが、何かあっても逃げられるような言葉づかいをするのです。

最近は、自分から行動する社員を大事にしようという雰囲気が強くなっていますので、「~と思います」と言ってもいいのでしょうが、重厚長大的な伝統企業では客観的なニュアンスのある「~と思われます」を使うのが無難かもしれません。

また、「~すべきです」という言い方には注意が必要です。とくに、オーナー系企業でオーナーに向かって「~すべきです」はタブーです。なぜなら、オーナー企業では大事な価値判断はオーナー自らがするのであって、入社してきたばかりの人に価値判断をともなう「~すべき」と命令される筋合いはない、ということになるからです。

事実、私はこれまで、たいへん優秀なプレゼンで「〜すべき」と発せられたとたんにオーナーが不快な顔に変わった瞬間を何度も見ました。大企業では、提案の最後に「これまでご説明させていただいた○○の状況を考えますと、当社はこの事業に乗り出すべきだと思われます」と言います。この表現の裏に傲慢な気持ちはかけらもないのですが、「〜すべき」を聞き慣れていないオーナーにとっては不遜なものに感じられるようです。「やってみたいと思いますがいかがでしょう？」くらいの言葉づかいが適当かもしれません。

最後に、**転職者が犯しやすい最大のミスは、話の中に「前の会社では」というひと言を入れることです。**とくに「前の会社」が有名な大手企業の場合、いわゆる社格が高い場合には注意してください。「前の会社は良かったのに、何でこうなの！」と非難されているように周りには聞こえることが多いのです。

転職のルール 28

会議の席順、発言にも会社ごとにルールがある。「〜すべき」など言葉づかいにも注意しよう。

単位は「千円」？「万円」？やっと書いた提出資料にダメ出し

レポートなどの提出資料の書き方や社内文書の書式も会社によってまったく違います。提出する前に、前述したメンター（支援者・相談者）に見てもらいましょう。

私は、メンターのチェックを行わなかったために大失敗をしたことがあります。

ある会社の業務を請け負い、その仕事をはじめて2週間ぐらいたったころ、早くもプレゼンテーションをすることになりました。その会社から「新風を吹き込んでほしい」と要請されていた私は、図表をめいっぱい駆使した、見る人にインパクトを与える資料をつくりました。物事の概念を図表で表し説明するのは自分の最も得意とするところで、ビジュアル主体の資料は「わかりやすい」と評価されると思ったからです。ほぼ1日かけてつくった資料は、我ながらいい仕上がりになりました。

そして当日。自信満々でプレゼンテーションをはじめると、社長がぼそっと言いました。

「この資料じゃあ、何のことやらさっぱりわからない。ちゃんと文章で書いてくれる？」

彼は難しそうな顔をして、さらに続けました。

「それとね、金額の表示。普通〝万円〟単位だろう」

えっ、金額表示は千円単位で書くのが会社計算書類規則ではないんですか？　とうっかり聞き返しそうになりました。周りの人の顔を見るとてもそんなことが言える雰囲気ではなかったので、グッと言葉を飲み込みましたが……。

自分がそれまで「常識」と思っていたことが、転職先では「非常識」になることが少なくありません。金額表示のように、世間一般的なルールとされている単位が通用しない会社もあってびっくりしますが、これはもう、その会社のルールに従うしかないのです（後日談ですが、その会社では経理部門の人は当然千円単位の資料をつくっているのですが、社長に説明するときは、あえて万円単位の資料をつくり直して説明していることがわかりました）。

資料の紙の大きさが、A3かB4か、それともA4なのか。図表を多用していいのかダメなのか、数字の単位は、など確認すべき点はかなりあります。

紙を使わず、すべてをパワーポイントでプレゼンすることに決めている会社もあります。

一般的には、結論を前、背景の説明はあと、と言われていても、多くの会社ではいまだに結論があとだったりします。また、数字に関しては単位の問題だけでなく、厳密性が会社によって大きく違います。「だいたい〇万円で」くらいでいい会社と、すべて1円単位まで正確な数字が求められる会社もあります。

仕事をしていると、「この会社のやり方は間違っている！　全部やり直せ！」とこっちが言いたくなることもありますが、あなたも（実は私も）、前にいた会社のローカルルールが正しいルールだと思い込んでいるにすぎないのです。

きちんと言いたいことが決まっていれば、表示の方法は〝習うより慣れろ〟です。**提出資料については、まずは自分のやり方でつくって、それをメンターに修正してもらい、その修正点を覚えるといった流れを、転職1〜2カ月は続けてください。**

転職のルール 29

提出資料の書き方に習熟する。とくに数字の表記には注意。

「それっておかしい!」と思ったとき、どうする?

The 1st month

前項の金額表示の件のように細部にいたるまで、会社ごとに特有のルールがあります。**「いくら何でも、変だ!」と感じることはたくさんあるでしょうが、間違ってもそれを口に出してあげつらってはダメです。**いまはまだ、その会社の文化、ルールに素直に従っているべき時期なのです。

違和感を抱いたときは、それを口に出さずにメモをとる。何について、どんなところに違和感を持ったのか、なぜそう感じたのかまで詳しく書きとめておいてください。私はこれを**「違和感メモ」**と呼んでいますが、これが後々、非常に役に立つのです。

前述したとおり、呼称によって社内での序列を明確にしたがる会社に、私はとても違和感を覚えました。なかでも「ディレクター」なんて、口にしようと思うと恥ずかしくなり、ずいぶん困ったものです。しかし、外から新しく入ってきた人が違和感を持つことでも、その会社の中ではある時期、一定の合理性があったからこそ生み出され、定着しているわけです。

転職者にとっては、慣れ親しんだやり方と違うので「おかしいなぁ」と最初は思うのですが、それが本当におかしいのか、実はそれなりに合理性があるのか、じっくりと考えてみなければどちらかはわかりません。

私がこれまでに「違和感メモ」に書いた内容の一端をご紹介させていただくと、

・なぜ稟議書がある会社とほとんど使わない会社があるのだろう？　なぜ口約束でＯＫの会社と文書で書き残さないとダメな会社があるのだろう？　そして、Ａ社はなぜ何でもかんでも文書にするのだろう？

・Ｂ社は取引を開始するにあたり、なぜこんなにも細かく相手企業の情報を提出させるのだろう？　お金を払うのはＢ社なんだから相手側の財務状況について知らなくてもいいはずなのに？

・Ｃ社は、なぜこれほどまでに自前主義にこだわるのだろう？　自分でつくらなくても、市場で買ってくれれば安くて良い商品が手に入るのに。なぜなんだろう？

・Ｄ社は、社員同士の贈り物がやたらと多い。誕生日だといっては贈り物をし、出張してきたといってはおみやげを渡している。こんなことに何の意味があるのか？　ムダなことではないのか？
・E社では、男性が同性を呼ぶ際に、〇〇ちゃんというような呼び方をしている。体育会出身の私としてはたいへん気持ち悪い。これには何かわけがあるのか？　そう言えば広告代理店系の人も〇〇ちゃんと呼ぶ。これは何かの工夫の結果なのだろうか？
こうした「違和感メモ」に対する自分なりの答えは、2〜3カ月働いたあと、導き出すことができました。答えを導き出すとともに、それぞれの会社がどんなことを大事にしようとしているかという価値観もまた理解できたように思います。
そして、問題なのは、**その会社でかつて成功した考え方や価値観が、現在の世の中の流れや顧客ニーズにマッチしていない場合です。それを明確にするために、「違和感メモ」は役立ちます。**それは外部からきた転職者でないとわからないものだからです。

転職のルール30

違和感を持ったことは、口に出さずにメモをとる。

入社1カ月まで

まとめ

誰よりも熱心な学習者であろう！

この時期は「一生懸命、ウチに慣れようと努力しているな」と印象づけ、周囲に好感を持ってもらうのが先決。そのためにも、覚えるべきことは覚え、片づけておくべきことは片づけておきましょう。

オンライン飲み会などには付き合いながらも、とにかく勉強、勉強。ちょっと大変かもしれませんが、そのほうがかえって、「こんなはずじゃなかった！」という“転職ブルー”を乗り切れるはずです。

The 3rd month

入社3カ月まで

大きな成果を狙わない！
小さな実績を積みあげよう

「こんなはずじゃなかった！」でも、後悔する必要はない

初出勤から1カ月がたつと、カルチャーギャップの大きさに打ちのめされ、「自分はこの会社でやっていけるのか」「はたしてこのままでいいのか」という焦燥感がドドドッと押し寄せてきているのではないかと思います。

初出勤の日まで高揚していただけに、その落差があまりにも激しくて身も心もヘトヘトになってしまっているかもしれません。「転職なんかしなければよかった……」と後悔している方もいるかもしれません。

ただ「こんなはずじゃなかった！」と思うのは、転職者なら誰でも経験することで、転職後に大活躍をしている人たちでさえ、1カ月たったころは、「前の会社に戻れるものなら戻りたかった」と言う人がたくさんいます。したがって、現段階においては、いまの状況をあまり深刻に考えないことです。

むしろ、**この段階では、体力と精神力の健康レベルをベストにすることを心がけてくだ**

さい。新しい職場に入り、まったく見ず知らずの人たちの中で仕事をしはじめているわけですから、あなたは強い緊張感の中で1カ月を過ごしたわけです。その結果、自覚していないかもしれませんが、あなたの体力と精神力は低下しはじめています。

もちろん、いろいろ新しいことを学ぶために時間をとることも大事なのですが、**まずは週末などを使ってリラックスし、体と心のケアをはかることのほうが大事です。**人によって体力と精神力の回復方法は違うので、皆さんの好きなやり方でやればいいと思います。

私の個人的な話をすると、体力維持のためにストレッチのパーソナルコーチをお願いしています。週に1回1時間、私の体の状態に合ったメニューのストレッチですが、体力面での健康増進だけでなく、精神面でのリラックス効果も高く、仕事にも大変いい影響を及ぼしています。

また、友人の中には、精神面のケアのために、きちんとしたカリキュラムを履修したコーチングの「コーチ」をつけている人もいます。そのコーチングは、自分の中にある気持ちをうまく引き出してくれ、がんばろうという気持ちや、目的意識を明確にしてくれる点でたいへん効果があるようです。

リフレッシュのためにスポーツクラブを有効に使っている人もいます。もちろん、わざわざ外部の人に頼まなくても、家族との団欒やおいしいものを食べに行ったりすることで心身ともにリフレッシュすることができる方も多いはずです。自分らしいやり方で健康を取り戻していただければと思います。

もう1つ、**新入社員向けのアドバイスと間違えられそうですが、明るく元気な声で挨拶をすることをおすすめします。**転職者の方は、最初は元気がいいのですが、1カ月ほどすると疲れが出て、挨拶の声も小さく、存在感が急に薄くなってくることがあります。

朝、会社に着いて元気な声で「おはようございます」と言うだけで、自分の中の元気もよみがえってきます。

まずは、疲れを早くピークアウトさせて、心身の健康を取り戻すようにしてください。

転職のルール 31

1カ月後、疲れはピークになる。まずは心身の健康回復をはかろう。

「会社には慣れましたか？」人事部の面談でホンネを話すと……

The 3rd month

そろそろ、人事部からお呼びがかかるころかもしれません。会社によっては1カ月後、または3カ月後に転職者面談を設けているところがあり、「会社には慣れましたか？」という面談が行われるわけです。

転職者にとって人事部は頼りになる存在で、この面談でいろいろと悩んでいることについて聞いてもらえるのではないかと期待してしまうかもしれません。しかし、ここで忘れてはいけないのが、人事部は必ずしもあなたの全面的な味方ではないということです。入社時には「困ったことがあったら何でも相談してください」などと言われたかもしれませんが、それは社交辞令です（もちろん会社によってちゃんとしてくれるところもあります）。

一般的には、新卒採用と違って中途採用の場合は、人事部は各部署が欲しい人材を採用するための窓口業務（転職媒体に広告を出す、人材紹介会社に紹介を頼む）を担当するというスタンスです。したがって、**人事部としては、中途入社者から大きな問題を持ち込まれても、ただ話を聞くだけで、問題を解決してくれるわけではありません。**

たとえ、「部内が派閥争いで反目している」「仕事に必要な情報が散在していてどこにあるかわからない」「個人プレーに走っていて、協力してくれない」といった転職者が持つ不満を人事部にぶつけても、人事部に解決する力はありません。

また、新卒と同じような気持ちで、「この部署は自分に合わない、他の部署に異動したい」などと言っても、そもそもあなたを採用したのは、会社や人事部というよりもその部署なので、よほどのことがないかぎり人事部が異動を考えることはありません。むしろ入社したばかりなのに、「我慢ができない人かも？」と思われるのが関の山です。

そして、幸か不幸か、**その面談結果は、あなたの上司にそのまま伝えられます。**となると、「今度の転職者は私のやり方にどうも不満があるらしい」ということになって、上司からは問題児扱いされてしまいます。

そんなことになるなら、本当は不満だらけであっても、「いい上司といいメンバーにめぐりあえて喜んでいる」「現段階では、まだまだ慣れていないが、だんだん仕事のやり方もわかってきたので、これから成果が出せそうな気がしている」というふうにお茶を濁しておくほうが無難です。

皆さんは、野球選手やサッカー選手が、新しいチームに移ったあと、監督の采配について「前のチームではこんなことはなかったんですけどね」と言ってしまい、「○○、監督を批判」と大げさに報道されて困っている記事を見たことがないでしょうか。

この人事部面談で失言をしてしまって、野球選手やサッカー選手のようなことにならないようにしてください。**極論してしまえば、「1カ月面談」「3カ月面談」は、転職してきた喜びなど、ポジティブな面を伝えておくことです。**

転職のルール
32

人事部を味方と思わない。
面談で話したことは上司に伝わる。

ストレスがピークに！なぜか前の会社が懐かしくなる

転職を悔やむ気持ちが胸の中で渦巻いているとき、ついつい転職前の会社の友人に会いたくなります。ですが、それはやめておきましょう。この時期の不安定な気持ちは、ちょっと踏ん張れば乗り越えられるものなのに、前の会社の人に会ってしまうと里心がついて、気持ちがどんどん後ろ向きになってしまうからです。

あるいは、本当は後悔の気持ちでいっぱいなのに、まったく逆に「新しい会社がいかに良いか」を必要以上に力説して、「転職は成功だった！」と気持ちとは裏腹なことを言って強がったりします。しかし、その帰り道では、力説している中身と本当の状況とのギャップの大きさに打ちのめされてしまいます。

ここは覚悟を決めることです。もう、あなたは新しい会社で生きていくしかありません（少なくともしばらくは！）。前に進むしかないと、覚悟を決めるのです。

私自身も、辞めた会社の思い出がときおりよみがえっては、自分の行く手を阻もうとした時期がありました。すべてが良い思い出のはずはないのですが、よみがえってくる思い出は幸せなものばかりなのです。ちょうど1カ月目から3カ月目あたりがその時期でした。

新しい職場でまだ十分に機能しきれないもどかしさと、孤立しているわけではなくとも十分な人間関係がまだ築けていない焦燥感のようなものから、過去へのノスタルジーが生み出されたのだろうと思います。

しかし、私の場合、こういった気持ちは、3カ月もたつと不思議と消え去りました。一生懸命に仕事をしていくなかで、だんだん仕事のやり方を覚え、少しずつ効力感を持つことができるようになってきたからです。いろいろな方に聞いても、皆さん同じようにおっしゃいます。

もう少しだけ我慢してください。

もし、どうしてもたまったストレスを発散したいなら、愚痴や不満、悩みごとは仕事とは無関係の友人に話したほうが無難です。できれば転職で苦労したあとに、きちんと成功された方がベストでしょう。あなたのいまの状況をよく理解してくれて適切なアドバイスをしてくれると思います。

中途同期へ不満をぶちまけるのは、相手がまだどんな人かわからないのでやめたほうが無難です。家族にいろいろ話すと、必要以上に心配され、家にいても気が休まらなくなるので、こちらもやめておいたほうがいいでしょう。

ありきたりかもしれませんが、一番いいのは趣味やスポーツで気分転換をし、ストレスを発散することです。また、休日を「何もしない日」と決めて、一日中、ベッドの中でゴロゴロしているのもいいかもしれません。体の疲れを取り去ることで、心もずいぶん回復するものです。

転職のルール 33

そろそろ、前の会社への郷愁がわきあがる。しかし、覚悟を決めるしかない。

なかなか言えない!?「ウチの会社」

人間の心理としては、こちらが歩み寄れば相手も歩み寄ってくるものです。**会社になじめない、と悩む時間があったら、自分から積極的になじもう、溶け込もうとしてください。コツが1つあります。社内外の人と話をしているときに、意識的に「ウチの会社」と言ってみるのです。**私は、このひと言を平気で口にできるようになると、周囲との距離感がだいぶ薄れることを知っています。

ところが、新しい会社のことを「ウチの会社」と言うには、最初はかなりの抵抗を感じるものです。私は、「ウチの会社」と言えるようになるまで、意識して努力したにもかかわらず3カ月かかりました。どうしても体が受け付けなかったのです。

いろいろ悩んだ結果、「ウチの会社」のウチが「家（うち）」と考えるから難しいのであって、せいぜい「内（うち）」すなわち内外の「内」くらいの意味で使うといいのだという屁理屈を思いつきました。ウチの意味を随分軽くしてしまったわけです。

The 3rd month

新卒で入社し長年過ごした会社というのは、会社にもよるのでしょうが、やはり家族のようなところがあります。上司はお父さんかお母さんで、先輩はお兄さんかお姉さん、後輩は弟と妹のようなものです。このイメージには「家（うち）」がぴったり似合います。一方、この意味で使うなら、見ず知らずの人ばかりでなじみのない新しい会社を「家（うち）」と呼ぶのは大変難しいでしょう。

ところが、「ウチの会社」のウチを「内（うち）」の意味で使うとどうでしょうか？　私たちの属している会社くらいの軽い意味になります。そうすると、どうということのない言葉になります。しかし、聞いている側は、同音異義語ではあっても、みな「家（うち）」の意味で「ウチの会社」と捉えてくれます。

言葉というのはおもしろいもので、口にしているうちに自己暗示にかかります。「ウチの会社」という言葉も、最初は「内（うち）」なのに、だんだん「家（うち）」に転化しはじめます。そうなると不思議なことに、自分と会社、周囲の人たちとのギャップが埋まってくるのです。

確かに**転職して1週間かそこらで「ウチの会社」と言うと、「早すぎるんじゃないの？」と思われるかもしれませんが、1カ月たてばもうOK。**平気でウチと言えるようになるころには、先輩が「どう？　がんばってる？」と声をかけてくれたり、同僚がプライベートな話をぼそっと打ち明けたり……と、周囲の反応が徐々に変わってくるはずです。

ところで、用語集で集めた社内用語は覚えるだけでなく実際に使わないと、会社の中では市民権が得られずいつまでたっても「よそ者扱い」です。

社内用語も、最初のうちは使い方を間違えたり、意味を取り違えたりするでしょうが、そこでひるんではダメです。周囲の人に「この略語って、こういう使い方でいいんですよね？」と聞きながら、とにかく使ってみる。その姿勢が会社になじもうとしていると周囲に映り、身内的な感情を抱いてもらえるはずです。

社内用語を使うことではじめて、会社の一員になっていくのです。

転職のルール 34

無理をしてでも「ウチの会社」と言う。社内用語も積極的に使う。

Column

営業部が偉い？　経理部が偉い？　部門ヒエラルキーとは？

いろいろな会社の仕事を請け負ってきて驚くことの1つが、会社によって違った部門ヒエラルキーが存在することです。

よく言われるように、研究開発型の企業では研究者の立場が強く、部門間で意見が対立して結論が出ないと、まず間違いなく研究者の意見が通ります。下手をすると尊大な研究者がいて、営業や製造部門の言うことも聞かず、好き勝手にムダなお金を使うことが、他部署にとって大きな不満になっていたりします。

一方、経理部や購買部が偉い会社もあります。ある会社では「3K」という隠語があるそうです。普通3Kというと、キツイ、汚い、危険の3つですが、そこでは経理、購買、○○大と言われ、その3Kが会社を牛耳っているという意味だそうです。○○大はその大学の出身者が経理、購買部門に配属されることが多いから。こうした会社では予算コントロールが強く、いいかげんなお金の使い方は許されません。ちょっとした出費にも二重三重のチェックがかかるので、経費にゆるい会社から転職してきた人にはかなりの不満になります。

営業が他部門より偉い会社もあります。そんな会社では、営業がお客さんにできもしないことを「できます」と約束して、そのしわ寄せが製造部門やサービス部門に来ます。それを経営陣がたしなめるどころか、「よく受注できた」と表彰したりします。信じられないと思うでしょうが、そうやって無理をし続けてきたからこそ成長できたんだ、と経営陣が思っているので反論しても誰もとりあってくれません。

本社と支社で大きな身分差がある会社もあります。「地方で成果をあげた人と、入社時からエリート採用された人が働いているのが本社」と認識されているので、本社の人が地方に出張すると、夜の会食などたいへんな歓待を受けたりします。ただ、これらの費用もコストとして商品の価格に跳ね返るので社内接待などやめるべきだと多くの人は思っています。こんな会社の地方支店に転職すると、身分差別があるような気がして、なかなか幸せな気分は味わえません。

こうした部門ヒエラルキーは、できれば転職前に知って、納得したうえで入社することが望ましいと思うのですが、実際には、入社するまではわからないことが多いでしょう。それでは、あなたの入った部署が強い場合にはどうすればいいでしょうか？　答えは簡単です。せっかくの強い立場ですので、普通に特権を享受すればいいのです。ただし、謙虚には振る舞ってください。

一方、ヒエラルキーが下の部署に入ってしまった場合にはどうでしたらいいでしょうか？　すぐにあなたがこのヒエラルキーの問題で頭を悩ませることはありません。なぜなら、何か特別な例外事項を他部門にお願いするまで、こうした問題は噴出しないからです。

少しずるいウラ技を1つお教えしましょう。上司や同僚が部門ヒエラルキーに不満を抱えているときには、前の会社での同様のイヤな奴らの例などを話して一緒に憤ると、みんなとの距離が大幅に近づきます。人間というものは、共通の敵がいれば、それで団結できますからね。

実力者は誰？転職先で生き抜く地図

さて、ここまでいろいろな社内勉強をしてきたところで、もう一度、自分の仕事上で関わりのある人たちの関係を整理しておきましょう。

そこで**オススメしたいのが、人物相関図を描くことです。**よく、NHKの大河ドラマの新番組紹介などで登場人物の相関図を見せますが、あの要領で、社内（あるいは部署内）の人をドラマの登場人物に見立てて描いてみるのです。

全社で描くなら、主人公は社長です。すると、脇役は誰になるのか。サポートするような顔をして実は腹に一物持っているのは誰か。誰と誰が通じていて、誰と誰が反目しているのか。誰は誰のライバルなのか。などなど、ドラマと同じように強調や対立の関係などがわかるようにつくるとおもしろいものになります。

大きな会社であれば、主人公を部長にしたり、事業部長にしたりするといいでしょう。入社年次や肩書きも書き入れましょう。Aさんは、肩書きはBさんより下だけど、常務の覚えがめでたいので、Aさんの意見に対してBさんは逆らえない……というようなこともわかるように書き入れてください。

けっこう楽しい作業だと思いますが、実は楽しいだけではありません。**この図が完成すると、社内のパワーバランスが一目瞭然です。**

たとえば、Cさんにアプローチしたいと思ったら、どの人にどういう経路で話を持っていけばCさんにつないでもらえるのか。あるいは自分のプランを通したいと思ったら、まず誰と誰に相談すればいいか。逆に距離を置いておいたほうがいいのは誰か。というようなことが明らかになるでしょう。要するに、社内での上手な〝泳ぎ方〟がわかるわけです。

さて、これまで人物相関図をいくつか描いてきて、私はあることに気づきました。それは、多少の違いこそあれ、どの会社も同じような図ができるということです。

前職とはまったく違う業界、職種、社風のところだと思っていても、ふたを開けてみればたいして変わらない。ろくに仕事もせずに威張り散らしてばかりいる人、部下の手柄を自分の手柄にする上司、八方美人で実はトラブル源になっている人、反目の関係、冷ややかな関係、ある種の癒着のような関係……など、どこの会社にも同じように存在するものです。人間関係というのは確かに組織によって違うのですが、それでもかなり似ているのです。前の会社を思い浮かべながら、新しい組織を俯瞰してみてください。

転職のルール 35

人物相関図をつくる！　新しい組織の〝泳ぎ方〟がわかる。

大きな成果が欲しい！
でも、あせると間違いなく失敗する

社内用語、会議のルール、仕事のやり方・進め方など、会社のルールが少しずつわかってくると、そろそろ自ら動き出したくなるはずです。とくに自信のある人は「大きな成果をあげて、みんなを驚かせてやる！」と早く結果を出したくなってくると思います。

しかし残念ですが、この時期に大きな仕事をして成果をあげようとしても、思うような結果を出すのは難しいでしょう。失敗して、逆に上司に「この程度だったのか……」と思われかねません。ここはもう少し、準備期間が必要です。

大きな仕事をするには社内のたくさんの人たちの協力が必要です。でも、転職3カ月目のあなたはこれまでの努力の結果、顔見知りは増えたでしょうが、何か頼みごとをしたときに二つ返事で助けてくれるほど、信頼を勝ち得ている人はそれほどいないはずです。

あなたがオーナー会社に転職していたとしたら、入社の際、社長から「あなたにはとても期待している。ぜひ、これまでの経験と人脈を駆使して、この会社で新たな道を切り開いてほしい」などと言われたかもしれません。しかし、社長というのは、旗は振っても、実務にまでは降りてきません。結局、仕事を一緒にやるのは現場の人たちなのです。その現場の人たちからまだ信頼されていないあなたが派手なことをしようと動き回ると、周囲の反発を買い、あなたは職場でどんどん孤立していくことになりかねません。

この時期は、大きな成果をあげようなどと考えず、小さな実績をたくさん積み重ねることが大事です。立派な企画書をつくるより、ミーティングの前には予習をし、宿題も一生懸命やる。外回りの営業で、上司に30件回ってこいと言われたら50件回る。もちろん、お客さんについていきっちり下調べをしてから行く……。

このようにごく当たり前のことをまじめにコツコツやるのは、正直なところ遠回りのように思われます。しかし、**転職先で自分の存在を認めさせるには、地道に仕事をして「今度の人はまじめで、よくやるよね」という評価を得ることが大事なのです。**

そのためには残業することもあるでしょう。「自分は残業がイヤで転職したのに」という人もいるでしょうが、先のことを考えるとここががんばりどき。いまの辛抱は必ずあとで役に立ちます。

また、この時期は「一生懸命仕事をしている」ふうに見せることも必要です。よく、「成果さえあげればいい」と言いますが、現実は違います。とくに新しく入社した人が早退をしたり、さっさと定時ぴったりに退社したりすると、それだけで「ほんとに仕事終わってるの？」と周囲の反感を買ってしまうのです。

好き勝手に何をやっても許されるのは、飛び抜けた能力を持つハイパフォーマーだけです。普通の人が好感を持たれ、新しい職場で信頼を得るには「一生懸命やっている」という姿を見せるしかありません。一生懸命やっていれば、なかなか成果をあげられなくても、上司も先輩も決してあなたを見捨てはしないものです。

転職後3カ月程度なら、大きな仕事をしようと構えるよりも、自分の仕事に地道にコツコツと取り組む態度のほうが周囲からは、「まじめ」「一生懸命」という好評価を得られます。これにより、半年後、1年後にものすごく仕事がしやすくなるのです。

転職のルール 36

大きな成果はまだ狙わない。小さな実績をたくさん積み重ねる。

The 3rd month

「この会社を変える！」肩に力が入りすぎてない？

「早く大きな成果をあげたい」と気がはやっている人に、もうひと言追加です。いまは、間違っても「会社を変える！」などとは考えないでください。

外部から新しく入った人には、会社の考え方の間違いや矛盾、弱点などが、目立って見えるものです。期待して入った会社のそんな姿を見てしまうと、つい「自分がこの会社の間違いを正す」と思う気持ちもわからなくはないのですが、前述したように、会社の中にあなたの本当の味方はまだいません。そんな状態で気負ってみても空回りするだけです。

いまやるべきことは、配属された職場の〝枠〟の中で上司の戦略に合った動きをし、成果をあげ、評価を得ることです。職場内で「ほんとに使える」「安心して仕事が任せられる」と言われるようにならなければ、会社を変えるどころか、仕事になりません。

職場の雰囲気が最悪だったり、上司がハラスメント的だったらどうするか？

仮にそうであったとしても、とにかく〝枠〟の中で成果をあげられるよう自分の役割に徹することです。仮にそんな雰囲気の職場なら、まじめに仕事をすれば、それだけであなたは他の人よりも管理職の人からよく見られることになり、外部の人にその評判が伝わるかもしれません。

つまり、〝枠〟を意識すればするほど、あなたの存在は外部に認められるのです。万が一最悪の部署にいても、外部の人が心配して、あなたがいよいよ我慢できなくなって異動を願い出たときに、自分の職場にスカウトしてくれるかもしれません。

目の前のことだけを考えているようで、実は遠く先のことを考えている。この姿勢もまた、転職を成功させる大きなコツの1つです。

転職のルール
37

会社全体のことを考えるのは時期尚早。まずは自分の職場で成果をあげる。

The 3rd month

「この仕事やってみてくれる？」最初の仕事で上司の期待に応えるには

繰り返しになりますが、いまはまだ自分から積極的に動くべきではありません。上司も「これ、やってみてくれる？」と、そろそろ本格的に仕事を振ってくる時期です。そのときに重要なのは、**相手が求めているものは何かをきちんと把握し、それに沿ったアウトプットイメージを固めてから仕事にかかるということです。**

はじめて自分に振られた仕事ということで気負ってしまい、ついつい求められる以上のことをしようとしてがんばりすぎてしまう。そのために、上司の求めているアウトプットと大幅にズレるという失敗は、転職者にありがちです。時間と労力がムダになるだけでなく、結果として上司を失望させ、あなたに対する評価が下がる恐れもあります。

私自身、すでにお話したように、図表だらけのプレゼン資料をつくって失敗したほかにも、次のような失敗をしています。

ある会社の支援に入って2カ月ほどたったころのことです。副社長から「来年の研究開発部門のキャッチフレーズを考えてほしい」と言われました。私は張り切りました。これまでの経験から「キャッチフレーズ＝来年度の最も重要な方針」という認識があり、「それを考えてほしい」との指示ですから、これは大役だと、私はにわかに燃えあがったのです。だいたい3カ月ぐらいかけてつくるものだろうと考えましたが、少しでも早く仕上げて副社長を驚かせようと、自分の中で期限を2週間以内と決めました。

社史はもちろん、社内にある資料をすべてひっくり返し、過去の方針や業績をつぶさに調べ、一日中、キャッチフレーズのことを考える毎日。さらに、そのキャッチフレーズを会社のロゴのどの位置に、どんなデザインで入れるかまで考えに考えました。

そして2週間後、デザイン画つきのキャッチフレーズを数案、自信満々で副社長のところに持っていきました。すると副社長は、「へ？」という顔をしてこう言ったのです。

「そんなの、とっくに決まったよ」

そして、内容を見ることもなく、「どうしてもっと早く持ってこなかったのか」と。だったら、もっと前にせかしてくれればいいのにと思いましたが、どうやら上司は、私がキャッチフレーズを考えられなくて、知らんぷりを決め込んでいると思ったようです。

あとでわかったのですが、その会社ではキャッチフレーズにはさほど力を入れておらず、

「未来への挑戦！　一人ひとりがイノベーション思考！」というような社員にハッパをかける程度のもので十分だったのです。だから、3カ月どころか、せいぜい2〜3日の間に持ってきてほしい、という要求だったというわけです。

いったい、この2週間は何だったのか。しかも、副社長を感心させるつもりが逆にガッカリさせてしまった……。こちらも全身からガックリ力が抜けてしまいました。

せっかくがんばっても、相手の要求に応えられないなら、何もしないのと同じです。私のような失敗をしないためにも、**上司から何か指示されたら、どの程度のものを求めているのか、どれくらい時間を与えられているのかを最初に確かめることが肝心です。**

新しい会社ではこうしたことを確認しておかないと、どのくらいのレベルのものを、いつまでに出してほしいかの期待値が大きくずれる可能性があるので注意してください。

転職のルール 38

アウトプットイメージを確認する。さもないとまったく違うものを出しかねない。

我慢が大事。我慢するストレスへの対処法

「とにかく受け身。イヤな上司にも逆らわず、ひたすら与えられた仕事をこなす」と言われても、やはり限界はあるでしょう。でも、まだこの時期はひたすら我慢です。

入社3カ月のこの時期を乗り切る方法は、周囲の人間はすべて〝顧客〟だと思うことです。メインの顧客はもちろん、社長、直属の上司、ようやく親しい会話ができるようになった先輩や同僚も、最近取引がはじまった顧客といったところでしょうか。

顧客は、たいてい無理なことを言うものです。お金を出すのはこっちだとばかりにわがままを言う人さえいます。でも、仕事を得るためには相手の要求にはたいてい応じますよね？

同じように、**周囲の人はみな顧客だと思えば、たいていのことには我慢できます。**「おかしいな？」と感じても、「ああ、そういう考え方もあるのか」と現実を穏やかに受け止めましょう。あなたも、その会社からお金をいただいているのだから、転職先も一種の顧

客です。

別の考え方もあります。それは、取材者になるというやり方です。これは私自身が執筆することが少し影響しているのですが、嫌な目にあった際に、嫌になっている自分を別の自分がインタビューするという方法で、自分の「心」の不快な思いを「知」への好奇心へと転化させます。

実際、本書は、これまで私が仕事をしてきたなかで味わった嫌な思いについて、なぜそんなことが起こったのかをまとめてあったメモをもとにしています。取材者のポジションに立つと不快な気持ちが去り、楽になるから不思議です。

それからもう1つ、**転職者は一定の期間を経ないとホームにはなれず、しばらくはアウェイだということも覚えておくといいでしょう。**

アウェイはあくまでアウェイとして、分をわきまえて行動することで評価が上がります。とにかくはじめは、与えられた業務をしっかりこなし、小さな実績を積み重ねることです。

とくに社長や直属の上司には、素直に従う姿勢でいることが大事です。入社3カ月程度

では、まだ信頼されることはありません。

本当に信頼されるまでには、早くても半年はかかります。本当の信頼を得る前に、上司の視野外でいろいろな試みをすると不審に思われます。生え抜き社員は同じことをしても許されますが、そこはアウェイの身だと割り切りましょう。まだ、自分を律して、自分の役割を実直にこなしていきましょう。

転職のルール 39

周りの人は、すべて顧客だと思う。信頼を得るのに最低半年はかかる。

Column

オーナー社長のお気に入りは3カ月単位で変わる!?

オーナー企業、とくにベンチャー企業への転職では、「オーナー社長に惚れ込まれて」前職から会社を移る人も多いのではないでしょうか。

ところが、「オーナー社長が好意的に思う期間はだいたい3カ月で終わり」です。

知人でＩＴ系のスタートアップ企業に転職した人がいますが、彼は入社早々、同じ部署の人からこう言われたそうです。

「あれ？　あなたもそうなの？　実は、能力の高い人だとすぐに採用したがるのがウチの社長の悪い癖なんだ。良さそうな人がいると、『当社はキミのような人材を求めている』『あなたに新しい事業をお任せしたい』とか言ってその人に夢中になるんだ。だけど、3カ月もすると別の人に目が向いている」

オーナー社長には熱血漢が多く、良い人材を見つけてきて口説き落とすのは上手でも、「この人材をどう組織の中で活かすか」を考えていない人がいます。これだと、仕事の内容が明確でなく、十分なリソースと権限も与えられず、お互いに不幸な結果に終わることは少なくありません。

この知人は、入社直後はことあるごとに声がかかりましたが、しばらくすると徐々に放置されるようになりました。本部長という肩書きさえ与えれば、成果を出してくれると思ったようです。そして、昔からいる社員に「彼はどうだ?」と聞くようになり、機能していないと知るや、「あいつを採ったのは間違いだった」とまで言うようになったそうです(彼は人づてにそう聞いたそうです)。結局、彼は転職から半年でその会社を辞めました。でもそのころには、また別の人が新たに本部長として採用されていました。

こういう話は日本中(いや世界中)によくある話です。

いま、あなたが同じような状況で、とあるオーナー社長に「ぜひ、ウチへ」と口説かれている最中だとしたら、ちょっと冷静になって考えてみてもいいかもしれません。

1人では絶対にできない大舞台での大仕事

前項で、転職者はしょせんアウェイだと述べました。

それでも、きちんと昇進もしたいし、些細で単純な仕事をするのではなく、大舞台で思いっきり仕事がしたい、そう思うはずです。そのために転職したはずなのですから。

本当にそう思うなら、**周囲に対しては、私が働けるのは、皆さんのサポートがあってこそという謙虚な態度が必要です。そして、心の底からの感謝を見える形で態度に表すことが肝心です。**

実際に、あなたはいろいろな人にサポートされています。とくに転職後すぐのころは、あなたの行動のかなりの部分はピントはずれであり、時間がかかり、誰かがあなたのアフターフォローをしてくれているのです。

私も外資系企業の業務をはじめたときに、的をはずした指示を現場に伝えてしまい、顧客側と私の要求との間のズレのために現場を混乱に陥れてしまったことがあります。その際、現場の部長が私の指示ミスを把握し、直前に現場に合うように手直しをしてくれたおかげで大事にいたりませんでした。この失敗の原因は、過去からの歴史的経緯や顧客との力関係に対する理解が欠けていたことによります。

また、私の稚拙な英文を、外国人に誤解されないようにリライトしてくれた人もいました。私の書き方では文語的すぎて、フランクで直接的な表現を好む人たちが多い中では、「彼は仲間ではない」と思われるとの指摘でした。つまり業界の言葉づかいに合っていないわけです。こういう指摘にもたいへん助けられました。

新参者でその会社の常識を知らないことからのミスは、多かれ少なかれ転職者のほぼすべての人が起こします。こんなときに周りの人からサポートしていただけることは、本当にありがたいことです。心から感謝しなければなりません。

そして、**失敗をしたら素直に謝り、何がどう間違っていたのか、どうすればいいのかアドバイスを請うことが必要です。**もちろん、相手が年下であっても同じです。そして同じ間違いは二度としてはいけません。

結局、このような体験をしながら、感謝できる人たちが増え、そういう人たちから信頼されてはじめて大きな仕事ができるのです。

ありがたいことに、「感謝」はしたからといって減るものではありません。むしろ感謝の周りには新しい感謝が生まれ、どんどん増加していくものです。あなたの周りを感謝でいっぱいにすることができたら、大きな仕事に挑戦できる体制が整ってきたと言えるかもしれません。

転職のルール 40

すべては周囲のサポートがあってこそ。感謝の気持ち&素直な態度を忘れない。

入社３カ月まで

まとめ

まだまだ〝枠〟の中でがんばろう！

仕事に少しずつ慣れてきて、部署の人たちとも雑談を楽しめるぐらいになったとはいえ、まだ確固たる成果もあげていないし、本当の味方も見つかっていません。こんななかにあって、自分の個性を主張しようとしたり、「会社の間違いを正す！」などと思ってはダメです。

会社の仕事は基本的にチームプレーだと考え、まずは職場の“枠”の中で自らの役割をきっちり果たし、小さな実績を積み重ねていきましょう。

ここで「きちんと仕事のできる人」という評価が得られれば十分です。

Half a year

入社半年まで

試用期間の時代

「この仕事なら○○さんだね」そう言われるために何をする？

Half a year

新たな環境に身を投じて3カ月を超えて、精神的、肉体的な疲れのピークも過ぎ、心身ともに調子が出てきているのではないでしょうか。まったくわからなかった社内用語もそこそこ使えるようになり、また仕事で会う人もだいたい名前と顔が一致するようになっているでしょう。もちろんまだわからないこともありますが、いろいろなことがだいぶラクになってきているはずです。

そんな状況の中で怖いのは、その程度の慣れにホッとして安住しはじめることです。

転職者は、周りの人と同じくらい仕事ができるようになったところで一安心すると聞きます。しかし、上司の立場からすると、周りと同じくらいだったらわざわざ外部の人材を採用しません。採用にはそれなりにコストもかけていますし、会社によっては、採用にかかったコストのすべてを部や課で負担していたりします。その投資分を回収するためには、同僚よりもより多くの成果が期待されています。したがって、**転職者に求める期待値は、内部の人に求める期待値より高いのが普通なのです。**

では、どうすればいいのでしょうか？

会社の中で欠けている部分を補うような、なおかつ先輩や同僚に比べて自分に比較優位性のある仕事を進めていくのです。

会社の戦術や価値観などがすでに理解できていれば、それをもとにいま何が会社に欠けているかがわかるでしょう。もし人脈が乏しい職場ならこれまでに培った自分の人脈を、新たな発想を吹き込む必要があると感じたなら自分なりの経験から得た知識を最大限に利用するのです。

言うまでもありませんが、このときに**「自分はこんなことも知っている。こんな人脈だって持っている」というような、自慢げな態度は厳禁です。あくまでも「実は、私は〇〇が得意だと思うのですが」と、謙虚な態度でアピールしてください。**

いまのあなたに必要なのは、派手な立ち回りでも人目を引く斬新な企画でもありません。

肝心なのは、とにかく自分のポジションを確保することです。

そのためには、ほんのわずかでもいいので、周囲と自分の違いを出せるような部分を打ち出していく。これまでに蓄積してきた自分の財産を活かせる仕事、自分の得意分野の仕事なら成果もあげやすいでしょう。そうすると、「××に関しては、○○さんだよね」と評判になって自分のポジションを確保できるだけでなく、会社からも「必要な存在」として認められるようになります。

こうなれば、あなたは信頼を手に入れ、発言にも説得力がグンと増すことになります。すると、あなたの転職の成功確率もグーンと上がることになります。

転職のルール
41

再びアクセルを踏みはじめよう。慣れてきたことに安住しない。

「キミに何がわかる！」意見や提案は慎重にする

すでに「ウチの会社」という身内意識が芽生え、「ウチの会社はココがおかしいんじゃない？」とネガティブな点ばかりに目がいっているかもしれません。会社や上司にも手厳しい批判をしたくなってきていると思います。優秀な人ほどそうなる傾向にあります。でも、まだ待ってください。いまのあなたは周囲にようやく認められた段階です。言ってみれば、ここまできてやっと本当の意味での入社試験に合格し、〝初級者マーク〟をつけてもらったところなのです。そんな人が、会社や上司への批判を口にしたらどうなるでしょうか？　たとえそれが正論だったとしても「キミに何がわかるか！」と一蹴され、とたんに問題児扱いされてしまうのです。

残念ながら**入社3カ月を過ぎたこの段階でも、引き続き小さな成果を積み重ねていくべきなのです。「大きなことは言わない、しない」の姿勢に徹してください。**

そして会社への批判や意見はまだまだ「違和感メモ」に書きとめておきます。それでも目に余る、あるいは意見をしないと会社は間違った方向に進んでしまうと思うなら、意見や提案の仕方に工夫が必要です。

人間は基本的に、否定されることを望みません。かろうじて受け入れるのは「別の考え方がある」ということです。たとえば、上司が提示した「A」という方法より「B」のほうがいいと確信している場合に、「AではなくBの方法をとるべきです」「前の会社ではBでうまくいっていました」では、誰もあなたに同意してくれません。

「状況を考えると、Bの方法も考えられると思うのですが……、私の知っている○×社ではBを採用していました。理由は……らしいです」くらいにしておきましょう。これなら「A」を提示した上司を否定したことになりません。**否定するのではなく別の選択肢を提示する。このやり方でコミュニケーションをとるよう心がけてください。**

転職のルール 42

ようやく〝初級者マーク〟。気を緩めない、甘えない。

同僚との雑談の場なら会社の悪口くらい、いいんじゃない？

Half a year

上司にはダメでも、同僚には会社の批判をしてもいいんじゃないか？

確かに、先輩や同僚とも冗談を言い合えるようになり、ずいぶん親しくなっていると思います。彼ら彼女らと雑談しているとき、会社や上司の批判になるので、あなたもつい一緒に「ウチの会社の悪いところは……」などと言いたくなるでしょう。

しかし、先輩や同僚はまだ味方ではありません。あなたが「もう身内」だと思っていても、彼らにとっては依然として〝外部の人〟の可能性が高いのです。そんなあなたに会社や上司の批判をされると、なぜか彼らは気分がよくないのです。先ほどまで会社の悪口をあれほど言っていたのに、「あなたに批判される筋合いはない」とか言われてしまうことさえあります。

生え抜きの人は会社や上司の批判をしても許されるのに、転職者のあなたには許されないのは変だと思いますよね。変なのですが、それが現実です。理不尽ですが、あなたの批判は、「他社と比べて悪い点をあげつらう行為」として認識されてしまうのです。

最初から、「仲間だ」などと思うから同調してしまうのです。同僚もまた顧客と思い続けていれば、顧客の会社の前でその会社の社員の文句を言わないのと同じで、話を黙って聞いて、「そんなことはないと思いますよ。御社はこんないいところもお持ちじゃないですか」と言うのが無難な対応です。

このような対処法を提示すると、「じゃあ、1日中緊張していろというわけですか？」と言われるかもしれません。

答えは「ＹＥＳ」です。**あなたが職場で完全に緊張を緩めることはまだ早いです。**朝の出勤から夕方に退社するまで、寸分の隙もなく緊張しながら仕事をし続けてください。むしろ、この姿が常態になれば、仕事そのものにもいい成果が出ます。

転職のルール 43

同僚はまだまだ味方ではない。顧客だと思い続ける。

「Aさんもおっしゃっているように……」そんな引用には危険がいっぱい！

Half a year

ミーティングや重要な会議などでも、あなたは発言の機会が増えていきます。

会社になじんだとはいえ信用はまだ得られていない初級者マークのあなたとしては、意見や提案など、自分の言葉に説得力を持たせるために、社内の誰かの言葉や意見を引用することを考えるでしょう。しかし、その場合、かなり慎重に使う必要があります。

私の友人に、営業能力が非常に高く、その力を買われて百貨店から出版社に転職した人がいます。その出版社が出している週刊誌に入る広告の量がここのところかなり落ちていて、「ぜひキミの営業力でわが社を救ってほしい」と面接時に社長に頭を下げられ、そこまで言われたらと入社を決めたと言います。

広告主が減った原因を、営業部サイドは「内容が良くないから広告が入らない」と言い、編集部サイドは「広告が入らないのは雑誌の内容云々ではなく、営業の力が弱すぎるからだ」と主張し、両者は真っ向から対立していました。

ところが、転職したばかりの友人はそんな社内の事情をよく知りません。彼は彼なりに、広告減少の原因を分析しようと、一読者としてその雑誌を読んだところ、内容はなかなかおもしろい。それなのに広告が入らないのは「営業力が弱いからだ」と感じました。

まずは編集長に編集部としてのコンセプトやポリシーを聞き、それを十分理解し、そのうえで営業戦略を立てれば、広告もいまの1・5倍は入るはずだ、と考えました。

編集長の話によれば、彼が感じていたとおり「読者からの反応はそんなに悪くない」とのこと。「やはり問題は、営業力の弱さだ」と思った彼は営業会議で、「編集長の○○さんもおっしゃるように広告減少の原因は雑誌の内容というより、営業戦略の立て方の問題で……」と、新たなプランを提示したのです。

ところが上司の営業部長は、プランの良し悪しを言う前に、冷たくこう言ったそうです。

「なるほど、キミは僕たちよりも編集長の言うことを信用するわけだ」

営業部と編集部は、言ってみれば犬猿の仲でした。営業部の上司としては編集長を押さえつけろ！　という感じだったのでしょう。そんなところに、友人は編集長の意見に賛同したようなものです。

結果的に、彼の意見は間違っていませんでした。というのも、編集長が「じゃあ、営業の言うとおりの内容にしようじゃないか」と勝負に出たところ、それでも広告が増えなかったからです。彼のミスは、プランの内容ではなく、その提示の仕方でした。編集長の言葉さえ引用しなければ良かったのです。

知らないというのは怖いもので、以上のようなことはいくらでも起きます。たとえあなたが会社のために良かれと思っても、ここで地雷を踏んだらすべておしまいです。

何気なく口にしたひと言があなたを窮地に陥れるかもしれません。発言をする際に誰かの言葉を引用するなら、人物相関図を改めて確認し、メンター（支援者・相談者）の意見も聞きながら慎重に行ってください。

転職のルール 44

社内の人の言葉の引用は慎重に。人間関係を知らないと地雷を踏むことになる。

Column

プロの転職者のすご腕

転職者の中には、別な意味での「プロの転職者」というのがいます。仕事の遂行能力がたいして高いわけではなく、部下をやる気にさせる能力も感じない。それなのに転職してきて早々に昇進します。皆さんもなんであの人がいきなり重用されることになるのだろう？　と首をひねったことはありませんか。

こういう人は何か有力者の弱みでも握っているのでしょうか？（握っている場合もあるかもしれません！）

おそらくこういう人は、仕事をする能力は低いかもしれませんが、有力者を喜ばす能力が卓越しているのだと思います。何をすれば喜ぶのか、何をすると怒るのか、熟知しているのです。

たとえば、嬉しいニュースの伝達役は買って出ます。別に自分が貢献したと嘘をつくわけではありません。ただ、嬉しいことを共有できた人には誰しも好感を持ちます。一方、嬉しくないニュースの伝達役は決してしません。不快なことをもたらした人のことは好きになりにくいからです。

また、有力者のお供で出張した際などは、仕事のほうはさておき、奥様やお子さんへのおみやげ、食事の場所と内容、夜のお出かけコースの下調べなど、こうした雑事に関する手配や準備は抜群です。

皆さんは次のように思うかもしれません。「偉い人というのは、こういう部分での能力と、仕事の能力はきちんと分けて考えているはずだから、見え透いたゴマすりには惑わされないはずだ」と。

残念ながら、それは幻想です。私はいろいろな偉い人を見てきましたが、そこを分けて考えられる人はごくわずかです。

社内で力を持つ人のお気に入りになれば、うまみのある仕事やポジションにありつくことができ、成果もあげやすくなる。それを狙って人に近づいていくことには抵抗を感じます。

ただ、こうした転職者がいると、その後に入ってきた転職者は場合によっては「プロの転職者」に排除されるかもしれません。

そうならないためには、当面は自分の仕事に集中し、手練手管で上司や偉い人の歓心を買おうなどとは考えないことです。

転職者だからできる？「暗黙のルール」破り

Half a year

入社後、半年近くになろうとするこの時期に、転職者が犯しがちなのが、社内の暗黙のルールを破ってしまうことです。

営業部であれば、公のルールでは「誰でも直接顧客に営業していい」ことになっている。けれども、暗黙のルールでは、「その会社にアプローチする際には、必ず○○さんの会社を通す」という決まりがあったりします。

購買部であれば、品質も良くなく値段も高い商品を〝ある特定の会社〟から納入しているので、安くて良質の商品を販売している会社からの購入を提案したところ、周りの人の表情が凍りつくといったことがあるかもしれません。

過去のさまざまな事情をよく知っている人から見ると、下手に手を出すと偉い人の逆鱗に触れる可能性が高く、手出ししてはならない領域というのがあったりします。

一方、転職者であるあなたから見れば、特別なことでも何でもなく、当たり前のことを当たり前にやっているだけです。

暗黙のルール破りをした場合、結果は大きく分けて2つの可能性があります。

1つめの可能性は、関係者から「おたくのところでは、いったいどういう教育をしているんだ！」「ルール違反をしたのは誰だ！」と、あなたの上司にクレームが入ります。すると、上司はすぐに犯人探しをはじめます。そして、あなたは何も悪いことをしていないのに厳しく叱責されます。

2つめの可能性は、周りの人が凍りついたにもかかわらず、とくに問題にならず、場合によっては感謝されるという結果です。

「確かに○○さんは、かつては先方に対していろいろな意味で食い込んでいたけど、現在は先方の企業の体制がまったく変わり、実際には何の機能も果たせていない。だから、そんな暗黙のルールを破ってくれてありがたく思う」「ある特定の会社を通すように代々言われてきたけど、コンプライアンス体制の充実を掲げる新経営陣は、かつての事情を知らない転職者がスパッとその会社を切ってくれたことに非常に感謝している」など、むしろ、事情を知らないために過去からの呪縛を解き放ってくれたという意味で、過大な評価を得られたりもします。

もしあなたが、前者のように一方的に叱責されたなら、それは転職先を間違えたということかもしれません。いまも、こうした納得感のない暗黙のルールが残る会社は多く、誰もが不可解に思いながら変えようとしないなら、その会社に将来性があるとは思えません。少なくとも、こういったことが重なるようであれば再転職を考えたほうがいいでしょう。

一方、後者の場合、あなたが無知であることから問題を暴いたのであれば、上司や同僚から歓迎されます。しかし、これに味をしめ、社内のタブーに挑戦することで成果を出そうとすると、短期的には認められるかもしれませんが、いつか大きなしっぺ返しを食うことになりかねません。組織の中での生き方として1つの戦略ではあると思いますが、リスクも大きいのでよく考えたうえで行動してください。

転職者としてすべきことは、良心にしたがって正しいと信じることをやることです。

転職のルール 45

タブーに触れたとしても、自分の良心にしたがって行動する。

大企業のセクショナリズムに巻き込まれたら？

Half a year

複合した事業を営む大企業の場合、それぞれの事業部が1つの会社のようなものです。Aという事業部が新たな技術を開発したとします。一方で、Bという事業部が、関連した別の技術を使って同様の商品を開発してしまうと、事業部同士の大げんかになります。なぜなら、市場は無限ではありませんし、最近は事業部ごとに業績評価がされていますから、功績を他の部署に譲るなどありえません。「ウチの領域に勝手に入ってきた！」と、同じ会社の社員なのに敵対関係になってしまいます。

また、営業部では、ブランド別に営業があるケースと、顧客別に営業があるケースがあり、場合によっては、それらが並存しています。そんな場合には社内調整が一番の仕事になります。顧客への対応より、社内の調整のほうがたいへんだったりするのです。

主に1つの事業を中心にやってきた会社から転職してきた人は、こうした事情を知るよしもないでしょうから、「同じ会社の人間同士、なぜ敵対しなくちゃいけないんだ」「セクショナリズムの強い会社に来ちゃったな」と違和感を覚えることはほぼ間違いがありません。ただ大企業ではこのようなことは日常茶飯事です。

転職者であるあなたが境界を越えてしまい、縄張り争いに巻き込まれたら、あなたの手に負える問題ではありません。必ず上司を頼ってください。上司はマネジメントの経験上、このような問題をどう解決すればいいかを知っています。

相手の事業部に対してマージン施策で話をつけたり、トップマネジメントを使って、こちらの部署がうまく担当できるように決済をとったり、そういった手練手管を管理者は知っているものです。その対応をじっくりと観察し、社内の縄張りがどんな具合になっているのか、他部署とはどう付き合い、どんなことに注意すべきかを、将来自分がその役割になったときのために学んでおくとよいでしょう。

転職のルール46

セクショナリズムに巻き込まれたら、上司を頼って対応策を学ぶ。

会社それぞれにある「時間感」「空間感」とは？

私が、コンサルタントとしてさまざまな会社で仕事をして感じるのは、会社によって「時間感」「空間感」が大きく違うということです。「時間感」というのは、仕事のテンポや片づけるスピード、どのくらいのスパンで結果を出さなければならないかということで、これは業種や業態、あるいは同じ業種でも会社によってまったく違います。一般的にＩＴ企業やスタートアップ企業は時間感が短く3年という時間は長期に分類されますが、研究開発が主となっているような会社では5年〜10年先を考えて仕事を進めています。

転職者は、自分の会社の時間感は速いのか遅いのか、どれぐらいの単位なのかを知る必要があります。とくに研究開発型の大企業からベンチャー企業に転職した場合、当人は、「これから腰を据えてやろう！」と思っていても、トップから「何をもたもたしている。こんなに待っても利益があがらないのなら、この事業は打ち切りだ！」と言われかねません。逆に、ＩＴ業界から他の業界に転職した人などは、あまりのスピードの遅さにストレスを感じることになるかもしれません。

以前、私はＩＴ業界と教育業界の両方にまたがる仕事をしていたことがあります。この2つの業界は、いろいろな面で対照的でした。服装も一方はジーンズ、もう一方はスーツにネクタイ。なかでも一番困ったのが、時間の感覚です。ＩＴ業界の人の1四半期（3カ月）が、教育業界の1年に相当するくらい違っており、両方の人たちと同時にお付き合いするのがとてもたいへんでした。

時間感が遅い会社へ転職するのは問題ありませんが、時間感が遅い会社から速い会社へ転職するのはたいへんです。その必要がある転職者は十分に注意してください。

次に、「空間感」というのは、自分たちの影響が及ぶ範囲をどのくらいと認識しているかということです。商圏を関東圏だけに絞っているのか、国内だけに限っているのか、アジアまで広げているのか、あるいは世界相手なのかということです。

空間感の違いをなぜ把握しないといけないかというと、自分自身の関心の範囲をそれに合わせなければならないからです。

たとえば、世界中で事業を展開している会社では、常に為替レートを気にしていなければばなりません。私自身、最初の仕事では、事業が国内展開のみだったので、為替レートなど気にしたことはありませんでした。せいぜい、円高になると輸出企業からの受注は減るなぁと思っていたくらいです。

しかし、海外取引の盛んなメーカーで仕事をしたときは、1円の差が業績を大きく左右しますから、為替市場の動向は常に把握していなければなりませんでした。新聞を開いたら経済面と国際面、テレビでも海外マーケット情報をチェックするようになりました。

このように、仕事をするうえでは**会社特有の時間感、空間感を理解していないと、タイミングをはずしたり、仕事に必要な情報がとれなかったり、的はずれな提案をしてしまいます。**はじめて転職をした人は、これまで時間感、空間感など意識したことはなかったかもしれませんが、この2つを把握しておくことは会社によっては非常に重要です。

転職のルール 47

時間と空間の正しい感覚を持てば、その会社が理解できるようになる!

Column

組織文化さまざま

「十人十色」と言うように人間の性格はさまざまですが、組織文化も本当にいろいろです。いろいろな会社で働くなかで、おもしろいなと思ったのは「バリュー志向」と「コスト志向」の会社があることを知ったときです。

ある会社は、社員全員でより良いアイデアを出し、それをもとに付加価値の高い商品をつくることが大事と考える組織文化でした。そのためには、会議で活発な議論をしなくてはなりません。たまには普段と違った雰囲気で社員を高揚させようと、会議を一流ホテルのスウィートルームでやったりします。普段の会議でも、出席者にお弁当や飴やお菓子を配ったりするのは普通でしたし、壁には高級なレンタルアートがかかっていました。

一方、とにかく安く仕入れて、安いところでつくり、安く売るというのが特徴の会社もあります。そんな会社の会議が高級ホテルで行われることはありません。

殺風景な社内の会議室です。蛍光灯もどうも光量が少ないような気がします。お茶ですら自前で用意するのが普通です。

前者の会社では、出席者の気持ちがほぐれて会議の場の雰囲気がなごみ、その結果良いアイデアが生まれて将来の価値構築につながるのなら、ホテル代など安いものということでしょう。「バリュー志向」の会社と言えます。

後者はとにかくムダを一切省いてコストを抑えることを第一に考える。これは「コスト志向」の考え方です。

話は変わりますが、「業界ナンバー1」の会社と「業界ナンバー3」の会社との文化の違いも大きいです。一般的にナンバー1の会社というのは、自分たちが新しいものを生み出すことによってマーケットや環境をコントロールしていくという考え方が強く、「日本の○○業界を変えていくのは自分たちだ」という気概があります。もちろん安定第一の保守的な人もいますが、動きはじめると積極性を発揮する人たちが多くいます。

一方、ナンバー3の会社はどうかといえば、基本的に自分たちが業界を変えようという気はなく、いたってのんびりした空気が漂っています。その中であまりがんばりすぎると「そんなにがんばってどうするの？」と言われてしまうことすらあります。ヤル気満々で転職した人にとっては、周囲のあまりの気概のなさにガッカリするかもしれません。ただ、のんびりやりたい人には向いています。もちろん会社が安泰であればという前提はありますが。

ある人は、鉄鋼業界3位の大企業から、証券トップ企業に転職し、「業界の違いよりも3位と1位の違いのほうが大きい」と述べていました。また、ある人は、鉄鋼業界1位の会社から、広告業界1位の会社に転職し、「両方とも野武士的な働き方をするので、違和感なく会社に溶け込むことができた」と言っていました。

組織文化には良いも悪いもありません。しかし、合う合わないはあります。はからずも合わない会社に転職してしまった場合は、まずは一生懸命に合わそうと努力してください。ただ半年たっても1年たってもやっぱり合わないこともあります。そんなときには、再転職を考えたほうがいいかもしれません。

会社の哲学、価値観、真の決定権者を知る

入社半年を前にして、それなりに成果もあがりはじめてくると、上司からも難易度が少し高い仕事を任されるかもしれません。もちろん、任されたことを一生懸命にやることが何よりも重要なのですが、それだけでなく、**近い将来、もっと大きな仕事を進めるための準備として、会社の意思決定基軸と真の意志決定者の把握をはじめてみてください。**

不思議なことですが、外の人間から見ると、その会社が行えば成功し利益をあげることがまず間違いないのに、なぜか手を出さないということがあります。一方、そんなところに突っ込んでいっても失敗することがわかっているのに、なぜかやってしまうという会社もあります。なぜなのでしょうか?

会社というのは、人間によく似ています。向こう見ずな人、賢く手堅い人、お金儲けが大好きな人、正義感の強い人。人間1人ひとりが特定の価値観によって行動しているように、会社にも行動の基軸となる価値観があるのです。

たとえば、これまで私が仕事をさせていただいた会社には、事業展開に際しても、それぞれ違ったこだわりがありました。

「世界的に流行《はや》る可能性のある商品だけしかやらない（日本で成功するのが見えていても）」

「他人のやることをマネしない」

「アメリカで流行ったものは日本でも流行るから、アメリカ市場をつぶさに観察し、日本向けに手を加えることが大事」

「個人の能力に依存するビジネスはダメだ。仕組みに依存しないものはビジネスではない」

「強いものにコバンザメのようについていくことが成功の秘訣だ」

「自分で会社を興すより、有望なベンチャー企業を買ってきて、収益を生み出すように体制を整備するほうがうまくいく」

「営業利益率が15％を超えないようなものはやらない」

これらは、それぞれの会社が、これまで生存してきた哲学のようなものであり、大きな意思決定をするときだけでなく、社員のメンタリティ、仕事の仕方、すべてに影響を及ぼしています。このレベルのことに対して外から来た者がいくら「それはおかしいです」と言ったところで、誰もまったく聞く耳を持ってはくれません。

これまで社史や会社の決定報告などから得た知識をもとに、自分なりに「この会社が大事に思っているものの考え方」を抽出し、メンター（支援者・相談者）の人にぶつけてみましょう。きっと彼または彼女から、その会社の中にある大事なものの考え方についての知見を得ることができると思います。

次の準備として、社内で本当に権力を握っているのは誰なのかを知りましょう。これは、単に偉そうに威張っているのは誰かということではありません。仕事を進めていくうえで重要なのは、プランなりプロジェクトなりに実質的にGOサインを出すのは誰か、ということです。

これは会社や部署によってさまざまで、議論が紛糾したときに議論に勝った人であったり、あるいは「鶴の一声」のような存在の人がいたり、何とはなしの「空気」が決定者であるかもしれません。

決済できる金額も重要です。社内では表向き、予算500万円からは事業部長の許可が必要だということになっているのに、自分が属する課の場合は1000万円でも課長がOKと言えばOK、というケースもあるでしょう。また、予算計上されていなくても、予備費のような形で社長のポケットからお金が出てくるような会社もあります。
こうしたことが頭の中にきっちり入っていると、仕事のシナリオも書きやすいはずです。ぜひこの機会に、会社の価値基軸や真の意思決定者を整理してみてください。

転職のルール48

本格始動を前にして、会社の価値基軸や真の意思決定者を整理しよう。

大原則だけ決めておけばOKの会社、細部まで決めたがる会社

実際に、何かプランを提案するとなったとき、どこまで話を詰めておく必要があるかということも、会社によって要求の度合いが違います。

これまで比較的安定した市場で手堅くビジネスを続けてきた会社、あるいは既得権益に守られてきた会社では、計画の最初の段階で、日程にせよ予算にせよ本当に細部まで決めてしまい、それに沿って淡々と仕事を遂行していく風潮があります。予測しなかったような事態がめったに起こらないので、最初にきちんと決定し、その決定に沿ってミスなくモレなく仕事をすれば成果もあがるという発想だからです。

一方、大筋の基本路線だけ決めれば、あとは現場に任せてくれる会社もあります。これは変化が激しく、決定したときに決めたとおりにはいかないことを会社の人がよく知っているからです。

これもどちらが良い悪いということではないのですが、たとえば前者のような会社では、

仕事を進めていく途中で何か起きたとしても、なかなか修正がきかないという難点があります。思いがけないビッグチャンスをみすみす逃す危険もあります。

後者は、基本路線さえ守っていればあとは臨機応変に、そのとき、そのときでベストな方法をとりながら仕事を進めていけばいいので、自由に仕事ができるでしょう。その反面、すべて現場任せなので全体としての整合性がとれなくなる可能性があります。

自分の会社はどちらの経営スタイルなのか、それによって企画書や事業プランの作成方法や作成時期が変わってきますので、必ず頭の中に入れておきましょう。

転職のルール 49

会社によって経営スタイルに違いがある。どのスタイルかを把握し、合わせる。

入社半年まで

まとめ

本格始動に向けての最終チェックをしよう！

仕事の進め方や人間関係のルールなど、社内の細かい決まりごともほぼ理解でき、周囲からも認められるようになってホッと一息つけるころかもしれません。

ただ、ここで安心してはいけません。そろそろ仕事が本格的になりはじめてくるため、いろいろなコンフリクト（対立）に遭遇します。

それらに1つ1つ対応するなかで、会社のルールや文化を再度見直し、本格始動に向けての準備の総仕上げをしましょう。

The 1st year

入社1年まで

あなたはすでに転職者ではない

ついに転職者卒業!? 同化フェイズから自分らしさフェイズへ

入社以来、半年もの長い間、配属された部署の〝枠〟の中でよくがんばってこられました。つらいこともあったと思います。しかし、これまでの努力の結果、かなり普通に「ウチの会社」と言えるようになったのではありませんか？　また、社内用語に悩まされることもなくなってきているでしょう。トップマネジメントの意思決定にも、違和感を持たなくなっていると思います。

ここまで転職先の会社に同化できれば、もう初級者マークをはずすことができます。あなたは、もう転職者ではありません。

さて、**そういうあなたの次なるフェイズは、自分らしい仕事をはじめることです。自分のカラーや個性を出して、少しずつではありますが、大きめの提案をしかけてもいい状況になってきています。**

というのも、当人は自覚していないかもしれませんが、この半年間、ひたすら会社のものの考え方や仕事の進め方を学んだおかげで、あなたはすでにたいへん大きなビジネス上の資産を持っているのです。

まず、**あなたには複数の思考回路があります。前の会社のものと、新しい会社のもの。そしてそれらを融合させて新しいものを生み出す可能性があります。**アイデアというものは、既存の要素と既存の要素の組み合わせですから、1つのものでは「組み合わせる」ことは不可能です。しかし、2つあるとそれらの組み合わせをつくり出すことが可能になります。あなたにはその会社の事業を、ハイブリッドなアイデアを生み出すことで大きくできる可能性があるのです。

さらに、**上司や同僚にはない別の人脈もあります。何かを一緒にやろうという話を持ちかけられる信頼できる人物が外部にいることは、会社の生え抜きの人にはない大きなビジネス資産です。**

そして、**あなたには他の人にはない辛抱強さが備わっています。**この半年の努力を考えれば、ビジネスでお客さんから一度や二度、拒否されるくらいどうということもありません。ちょっと大きなビジネスを狙うには、かなりの辛抱が必要ですが、その力もすでに蓄えています。

これだけの資産を持っているのですから、自信を持っていろいろなことにチャレンジしてみましょう。

そのときに思い出してほしいのは、転職を決めたときの気持ちです。あなたは、この会社で何かをしたくて入社したはずです。日々の業務のあわただしさと、学習しなければならないことの多さの中で、その気持ちは半年の間、どこかに封印されてきたかもしれませんが、ここでそれを改めて思い出していただきたいのです。

その気持ちに忠実に、これからの会社生活を送っていきましょう！

転職の
ルール
50

自分らしさフェイズに入る前に、この会社で何をしたかったのかを思い出す。

会社のイノベーションの源「違和感メモ」が威力を発揮！

さて、**自分らしさフェイズでは、これまでとは違う価値観を提示し、ときには常識を超えるような提案をしてみましょう。**このときに活躍するのが、会社に対する疑問や不満をずっと書き溜めてきた「違和感メモ」です。

なぜ自分が違和感を持ったのか、その理由はすでにわかっていると思います。その理由に対して実現可能な解決案を提案すれば、会社にとってのブレイクスルーとなる可能性があります。そうなれば、あなたは一躍〝時の人〟です。

実例をあげましょう。私は、ある会社のサービスにたいへん違和感を持っていました。サービス業であるにもかかわらず、休みの日は営業しないうえに、平日も17時になったらすべての業務を停止してしまうのです。そんなことはありえないと思った私は「違和感メモ」に書きとめて、なぜそんな営業時間になっているのかを理解しようとしました。

周囲からいろいろと教えを請うと、「お客様は、自分の会社の業務の１つとしてこのサービスを利用するので、17時に終わらないと残業となり、かえって嫌がるお客さんが多い」という答えが返ってきました。それを聞いたときには、確かにそれなりの合理性がある答えのような気がしました。

しかし、どうしても納得できず、経理に頼んで、会社への請求と個人への請求の比率を調べてもらいました。すると確かに、5年前には、ほぼ100%が会社への請求でした。ところが、直近1年間のデータを見ると、約30%が個人への請求になっていたのです。

さらに、実際にサービスを受けているお客様の声やインターネット上の書き込みを丁寧に調べてみると、会社の営業時間に対する不満が大きいことがわかりました。個人は、平日にしかサービスを受けられないので、このサービスを受けるためには、わざわざ会社を休まなければならなかったからです。5年前の市場では正しかった営業時間も、時代の変化に合わせて変えなければならないのに、対応できていなかったというわけです。

しかし、たいへんだったのはむしろこのあとでした。個人客を相手にするなら、夜も、休みの日も、当然営業しなければなりません。そうなると、シフト制も導入しなければなりませんし、以前につくられた就業規則も人事制度も全部つくり直さなくてはなりません。社内には拒否反応も当然あります。

しかし、一方で必ず「チャンスがあれば、新しいことをやってみたい」という人も社内にはいます。「個人客にもきちんとしたサービスを！」に共感してくれた社員も数多くいました。そして、たいへん意欲的な社員たちの努力によって、半年後には、平日のサービスは20時まで対応、休みの日にも営業するようになりました。この結果、市場シェアを大きく好転させることができたのです。

これらの変革（イノベーション）は、以前からいろいろ教わっていたメンターに、誰に、どういうタイミングで提案を行うのがいいのか、どの会議で発表するのが最も有効かなどを相談しながら進めました。

自分の話が長くなってしまったのですが、皆さんにもぜひこんな体験をしてもらえたらと思います。なぜなら、こうした変革は外からきた人だからこそ、できることだからです。

転職のルール 51

違和感メモを使おう。イノベーションの源となる。

「そんなに簡単じゃない！」横槍の入らない改革はない

会社の既存の価値観や常識を破るような意見や提案をすると、必ずと言っていいほど「そんなに簡単なものじゃない」「キミは素人だから、そんなことが言えるんだ」と横槍を入れてくる人がいるものです。

先ほどは成功例でしたので、今度は失敗例をご紹介しましょう。

どう考えても動きそうにない在庫の山がある会社がありました。銀行の不良債権分類のように、不良在庫、要注意在庫、健全な在庫と3段階に分けて管理していました。

しかし、思ったより不良在庫の金額が少ないのです。ヒアリングをしてみると、「要注意在庫は、そのまま定価で売れる商品ではないが、評価減をして販売価格を安くしたうえで、他の商品とセット販売（注：抱き合わせ販売ではありません）すれば、まだ売れる商品だから不良在庫ではない」というのです。

その際の私の仕事は、会社の状況をしっかりと把握することでしたので、不良在庫と要注意在庫の違いを知るために、要注意在庫の製品番号を調べ、どの倉庫にあるのかを調べました。すると、非常に辺鄙な場所にある倉庫に不良在庫と一緒に眠っていました。とても売れそうな気配はありません。

営業部長に聞いても、管理担当部長に聞いても、「そんなに簡単に不良在庫になるわけじゃない」「キミは素人だから、そんなことが言えるんだ」「営業部からの引き合いも実際に定期的にある」と言います。

私は二の句がつげず、その場は押し切られてしまいました。

しかし、私は冷静にこう言うべきでした。

「私は素人で、確かに理解が足りないと思います。なので、まず要注意在庫から不良在庫になる社内的なメカニズムを教えていただけますでしょうか？　それから営業部からの引き合いというのは、どのようなプロセスで指示が来るのでしょうか？」

あとでわかったのですが、営業部長と管理担当部長は、経営陣から売れ残りを指摘されるのを恐れて、ちょっとしたからくりを仕組んでいたのです。いま考えても、あのときもう少し冷静に話を聞くことができれば、もっと早く問題を解決できていたのに、と悔やまれます。

私の経験則から言えば、相手が「そんなに簡単なものじゃない」「キミは素人だから、そんなことが言えるんだ」などと言う場合は、結構相手の痛いところを突いている可能性が高いと思います。

大事なことは、意見や提案をしたときに上司に何か言われても、ひるんだりカッカしたりしないことです。あくまでも冷静に、ていねいな言い方で、本当にいい仕事がしたいから聞いているんだというスタンスを崩さないでください。

転職のルール 52

周囲の抵抗に屈しない。冷静に話をすれば道は開ける。

「ウチの会社にも使えます」言い方だけは注意する！

The 1st year

転職先でメンバーとして受け入れられたいまならば、前職の業務や人脈との接続をはかってもいいでしょう。転職して半年間は前職の業務や人脈について口にするだけでも、周囲には「後ろばかり振り返っている」「そんなに恋しいなら、さっさと元の会社に戻ればいいのに」と手きびしいことを言われがちですが、ここまでくればもう大丈夫です。

むしろ、「ウチの会社に役立つ知識や人脈を引っ張ってきてくれた」「これでウチの会社にも新しい道が拓けるかもしれない」と感謝され、あなたの実力を再認識させることができるでしょう。

前の会社の人たち、取引先だった相手、前職を通じて得た人脈、そして前職で得た知識や経験といった、いわゆる過去の財産を活かしてください。一度、自分の過去の財産を紙に書き出してみて、新しい環境のもと、それらで何か仕事が組み立てられないかを考えてみてもいいかもしれません。

ただ、先にも述べましたが、前の会社やその会社の業務が「一番いい」というような言い方は避けるようにします。「前職ではこういうやり方をしていましたが、ウチの会社にも応用できないでしょうか」とか、「私の人脈が、この部分で役に立つと思うのですが」など、転職先の社長や上司の顔をつぶさないような言い方をしてください。

自分自身の仕事だけでなく先輩や同僚の仕事に対しても、自分の財産の中でもし役に立ちそうなものがあれば、積極的に提示しましょう。社内ネットワークをつくるために、「自ら他の人との接続点となるようにする」のと同じことです。

恩義を売るわけではありませんが、自ら動くことによって人間関係がよりスムーズになり、仕事もしやすくなるはずです。もし、先輩や同僚の人脈や知識も紹介してもらえれば、自分の財産も増えていきます。

転職のルール 53

いよいよ前職の業務、人脈との接続をはかる。

あの人にアプローチ！部署を超えて動き出す

The 1st year

〝枠〟の中だけでなく、もっと大きな提案をしようと、他の部署との接触をはかれば必然的に社内の実力者と接触する機会も増えてくるでしょう。いえ、**この時期は意識して実力者との接触をはかり、顔と名前と、自分が何をしようと考えているのかを知っておいてもらうべきです。**

もっとも、これまであなたがまじめに仕事をし、小さな実績をコツコツ積み重ねて評判が上々なら、それを聞きつけて向こうから近づいてくるかもしれません。そのときは臆したり躊躇することなく、この会社で自分はどんな貢献ができるかをアピールすることです。

実力者との出会いに関しても、最初が肝心です。実力者たちが何を考え、この先どういう方向に進もうとしているのかをあらかじめリサーチし、理解しておくことです。そしてもちろん、彼らが過去にどういうことをやってきたかも調べておきましょう。そう、社史をめいっぱい活用してください。

私自身、初対面の人でも「秋山さんが前に書かれた本に、こんなことが書いてありましたよね」と言われると、悪い気はしません（そんなことはめったにないので……）。実力者たちだって同じで、「あのピンチのとき、○○さんがこういう案を出されたから会社は助かったんですよね」なんて言われたら大喜びです。

歓心を買うようでイヤでしょうか？　でも、事実ならお世辞でもゴマすりでもありません。単に、コミュニケーションを円滑にするテクニックの1つであり、自分がより活躍できる場を得るためにやっておいて損はありません。

さて、**ここで1つ気をつけたいのが「上司のやきもち」です。**

実力者たちと接触するなど、あなたが部署を超えた動きをはじめると、直属の上司の心は穏やかではありません。新卒の場合は、上司も「会社からこの人間を借りている」という感覚があるようですが、中途採用の場合は自分が採用に深く関わっただけに「彼（彼女）は私が採用を決めた」と、転職者を自分の所有物のようなものだと思いこんでいるフシがあります。なので、あなたが自分の手を離れて勝手な動きをするのがイヤなのです。

あるいは、あなたが実力者に自分の批判をしているのではないかと勘ぐったり、「私を超えるかもしれない」という恐れを感じているかもしれません。すると嫉妬心がわき、意地悪をされる可能性もあります。人間、自分の座を脅かされると思ったら何をするかわかりません。実力者に対しても、上司への感謝の気持ちを伝えておくことを忘れないようにしてください。

したがって、**実力者との接続をはかると同時に、上司の顔も立てるのを忘れないこと。**実力者と接触したら、上司にも「先日、○○さんと□□のお話をしました」と報告しておいたほうがいいでしょう。「○○さんが、△△さん（上司）にもよろしくとおっしゃっていました」というひと言を付け加えれば完ぺきではないでしょうか。

転職のルール 54

実力者との出会いを大事にしよう。ただし、上司のやきもちに注意。

チャレンジに失敗はつきもの。自分だけで解決しようとすると……

確かに、あなたは会社の中のことにはかなり精通してきました。ただ、すべてがわかったと思っては大きな失敗をしでかします。

まだ知らない言葉があるはずです。まだ知らない人間関係があるはずです。なぜそのような意思決定が行われたのか、会社の価値観がわからないこともあるはずです。したがって、これらの追求を決してやめないようにしてください。その意味でも用語集、人物相関図、違和感ノートは書き続けることです。

とくに、この時期に注意しなければならないのが、対外的な業務です。これまでは、1人では不安なので、必ず誰かと一緒に出かけていたと思います。

しかし入社半年以上たてば、上司や同僚も一人前と認めてくれるようになり、自分1人で活動することも多くなります。このときに、自分の会社（自部署）の意思決定基軸や実行能力が見えていないと、お客様（別の部署）に対して、できないことを「できる」と言ってしまいかねません。あとになって「できませんでした」ということになったときのダメージはかなり大きいもので、せっかく一人前として認められたのに、再び半人前に戻される可能性すらあります。

もちろん何の問題も起こさないに越したことはありませんが、ビジネスを意欲的にやろうという場面で少々の失敗はつきものです。

大事なことは失敗したかもしれないと思ったときには、早めに上司に報告することです。

会社には、その会社なりの問題の対処法があります。あなたがそれを知らずに、自分だけで解決しようと失敗を隠していると、問題がますます大きくなり、収拾不可能になる可能性があります。**早めに報告さえしておけば、どうにか対処できるものです。**

転職のルール 55

ミスは、自分だけでは解決できない。すぐに上司に報告する。

「転職して良かった！」でも、まだまだよそ者？

会社の中で受け入れられ、部署内だけでなく社内でも実力を認められるようになったあなたは、心の底から「転職して良かった！」と思えてきたのではないでしょうか。

本当に良かった。よくがんばってきました。

が、しかし……。転職してきた中途入社組が、永遠に〝よそ者〟扱いされる会社もいまだに多いのです。周囲の人たちは、別に中途の人を差別しようと思っているわけではなくても、生え抜きの社員と中途の間には、どうしても埋められない溝があるようです。

私の知人で、プロ野球のジャイアンツのファンがいるのですが、彼がおもしろいことを言っていました。

「外から来た選手は、いくら活躍しても、僕たちにとってはいつまでも〝他のチームから来た助っ人〟という感じなんだよね。でも、坂本や、岡本みたいに最初からずっとジャイアンツにいる選手は無条件にかわいいんだ。いいプレーができなくても、腹が立つどころか、『どこか悪いのか？　大丈夫か？』って心配してしまう。おかしなもんだよ（笑）」

中途は、転職先の社員にとってはまさに助っ人選手といったところなのでしょう。となれば、中途が生え抜きの社員たちに完全に溶け込むのは無理だと思ったほうがいいのかもしれません。その場合、周囲を「永久顧客」と思って仕事を続けることです。

そう考えると、周囲に甘えることなくいい仕事を続けることができるようになり、「○○さんは中途なのにはじめからいる社員みたいにがんばってるよね」と言われるようになり、やがては、「○○さんは中途らしいんだけど、もう何十年もウチにいるみたいだよな」と言われるようになるのです。

こう言われたなら、皆さんの転職は本当に成功したと言えるのだと思います。そこまでがんばってくださいね。

転職のルール 56

「転職者は最後まで外から来た人だ」。そう考えることが、真の転職成功に導く。

入社１年まで

まとめ

真の成功者になるのは、これから！

中途採用の難関をくぐり抜け、入社後に不安と期待の入り混じった状態でがんばり続け、ただひたすらまじめに仕事をしてきたあなた。ここまできてようやく、「転職して良かった」と思えることでしょう。

でも、大きな仕事で結果を出すのはこれから。謙虚な姿勢を崩さず、真の転職成功者になるためにがんばり続けてください。

副業先で失敗しない！
心がまえと処世術

副業実施前
副業はやるべきですか、と聞かれたら？

ここまで、転職したあとに、新しい会社でいかに働くか、ということを述べてきましたが、最近は、副業をするという選択肢も出てきました。ここでは、どうやって副業を成功させればよいかについて述べさせていただこうと思います。実際に副業することには大きなメリットがあります。代表的なメリットは次のようなものになります。

1 本業に良い影響が生まれる

とくに分業化が進んだ大企業に勤める人は、別のビジネスモデルに触れることにより、新しい価値の構築方法を知ることができ、学ぶことが多いでしょう。個々の仕事が集まって最終的な顧客への価値につながるまでの別の方法を直接感じることによって、個と全体のバランスを別の視点から見ることができるようになります。それ以外にも、単純に〝よその仕事のやり方〟や、〝別の意思決定のやり方〟や、〝別の価値観〟を知る非常に良い経験になり、本業にも好効果が生まれます。

2 お金をもらう大変さがわかる

自分で仕事を完結させてはじめてお金がもらえることのリアリティが生まれます。「適当にやってもどうにかなる」「誰かが何とかしてくれる」ということがありません。会議に出ておけばOKというわけでもないのです。丁寧な仕事をして、きちんと成果を出して、はじめて仕事をしたといえるのです。報酬のみならず、仕事がもらえるという、ありがたみを改めて感じられるいい機会になるでしょう。

3 個人の力が試せる

信用やネームバリューが通用しない状態で、どこまでできるのか。自分の名前だけで勝負するのは、多くのビジネスパーソンにとってはじめての経験になることでしょう。初任給をもらえたときに嬉しさを感じるのと同様に、はじめての副業で数万円をもらえたことが人生での大きな喜びになったという人は多いのです。社会から個人としての存在価値を認められたような思いになるはずです。

4 新しい人的ネットワークが構築できる

本業とは違う仕事をすることで、いままでとは違う人脈を得ることができます。それが新しい情報ルートとなり、いろいろなことを相談できたり、新しい知見を得ることができたりすることにつながります。これによって、本業にも良い影響が生まれるでしょう。

5 リフレッシュできる

本業とのバランス次第で〝息抜き〟的に仕事を楽しむことができます。マンネリを感じ、本業が停滞している人は、本業の良さを見直すきっかけにもなるでしょう。

なかでも、2の自分がやった仕事が評価されて、そこに対価がつくという経験は、多くの会社員にとってはとても新鮮なことになるでしょう。また、会社から離れた知人、友人、仕事相手が生まれることも、人生を豊かにすることにつながっていくでしょう。そのようなことから、いま働いている会社が許容してくれるのであれば、副業にチャレンジしてみてはいかがでしょうか。

副業のルール 1

副業のチャンスがあれば、ぜひにもチャレンジする！

副業開始直後
あなたにとっては副業でも、相手にとっては本業

副業で失敗する典型的な失敗パターンがあります。ちょっと仕事が立て込んできたり、いろいろやっかいなことが起こった際に、「どうせそんなに（給与を）もらっていないし」とか、「本業が忙しくなったからちょっと抜けます」などと無責任な行動をすることです。少し考えれば誰でもわかることですが、あなたにとっては片手間の副業であったとしても、依頼主にとってその仕事は本業なのです。あなたがもし依頼主だとして、自分の外注先が「少額しかもらっていない」とか「別の仕事が忙しいから」などと言って依頼した仕事をおろそかにしたら、相手のことを職業人として失格だと思うはずです。

副業だからといって、いいかげんな仕事をしてはいけません。少額しかもらっていなかったとしても、一度受けたからにはミッションは完遂が絶対条件です。副業者の比較の対象は、相手の社員ではなく、外注のプロフェッショナルだと思ったほうがいいでしょう。その人たちは「本業」がそれなのだから、本気度が違います。

したがって、皆さんが最初にすべきは、「本業」「副業」という考え方をいったん忘れて、仕事をはじめた瞬間から、プロフェッショナルとして業務を遂行することです。そうでなければ、副業で得られる新しい思考や人脈も得られなくなってしまいます。

ともかく、仕事において信用は第一です。本業であれ副業であれ、約束したことを完遂できない人に副業をする資格はありません。

副業のルール 2

いったん仕事を受けたら、プロとして業務を完遂する！

副業実施中 本業と副業でのスケジュール問題が発生する

最初から副業に多くの時間を割かれることは少ないと思いますが、もし増えたとしても「本業：副業」が9：1、もしくは8：2くらいがひとつの理想形だと言えます。それくらいの比率なら、土日や余暇の時間で仕事をすべて収めることができるので、問題は生じにくいでしょう。しかし、経験上、これが7：3くらいになってくると、何かと大変なことが生じてきます。その場合のデメリットについてみていきたいと思います。

A 時間のバッティング問題が発生する

土日や余暇では副業が収まりきらなくなることがあります。そこで下手をすると、悪いと知りつつも本業の業務時間内で副業をするようなことになるのですが、場合によってはコンプライアンス的な問題になりえます。（とくにリモートワークのもと、成果さえ出せば、いつどこで何をしようと関係ないという会社もありますが、まだ少数派でしょう。）

さらに、困ったことに、「本業で突然発生したトラブル」と「副業で前から決まっていたとても重要なミーティング」が重なったりするのです。本業の上司にとっては、当人の副業のことなど〝知ったこっちゃない〟ので、当たり前のように「トラブル対応をしろ！」と言うはずです。重要なミーティングを無視するわけにもいかず、両方の対応におろおろする、といったようなことが起こりえます。場合によっては、どちらも上手に対応できず、双方から信用をなくすことにつながります。

B ワーク・ワーク・バランスになる

少しの副業はとても良いリフレッシュ効果があるのですが、稼ぐことに興味を持ちはじめると、平日も休日もずーっと仕事づめ。つまり、忙しすぎる状況になることがあります。そうするとリフレッシュ効果などあるはずもなく、だんだん辛くなってきます。これは普通に考えれば当たり前のことですが、本業のほうの会社は当人の副業を考慮して任す仕事をあまりセーブしたりなどはしませんから、労働過多の状況に追い込まれることも十分にありえます。

会社内で複数の仕事を任せられ、その時間配分やスケジュールが難しくなった場合は、上司や周囲に状況を説明すれば、どちらかの仕事を後回しにしてくれたり、サポートの人員をつけてくれたりします。しかしながら、本業と副業の会社間でそのような融通をつけることはまずありませんし、するモチベーションもありません。

その意味では、当人がどうにかするしかないのです。スケジュール管理については、無理せず、余裕をもって、実施するようにしてください。

副業のルール 3

本業と副業のスケジュール調整をやるのは、あなた！

副業実施中あなたに忍び寄るコンプライアンス問題

たとえば、あなたが本業をしている会社は、あなたが多少の過失や失敗を犯しても、あなた一人に責任を負わせることはめったにないでしょう。あるいは、あなた自身が故意に手を染めたわけではない違法行為や不正に、結果的に関わったと見なされる場合や、あなたが他社とトラブルを起こした際も、あなたは会社から守られるはずです。

しかし、副業先との関係はおそらく違います。あなたを先方の社員と同じ扱いにはしないでしょう。プロとして認識される。つまり、庇護はないと思ったほうがよいのです。(ここでは、副業先と業務委託契約を結ぶことを前提に話を進めます。)

あなたが納品した制作物の中に、他者の著作権を侵害する記述があり、あなたはそれに気づかず、訴訟沙汰になったとしましょう。副業の会社はあなたに訴訟の対応や費用や損害賠償の責任を負わせようとするはずです。たいていの場合、副業の会社が訴えられたとしても、外注先＝あなたが全責任を負うという条項を契約書の中に盛り込んでいるはずですから。

副業の会社と交わす契約書などはよく確認し、どの範囲まで責任を負わなければならないのかを認識し、くれぐれも自分自身の身は自分で守るようにしてほしいのです。

さらには、よからぬ相手に意図せず本業の会社の情報を漏洩してしまったりすることもありえます。

たとえば、あなたがＩＴ関係の企業での仕事を、本業としていたとしましょう。本業の会社はあるシステムを手がけていて、その分野でトップシェアだったとします。あなたに対して、同じシステムでシェア2位のＢという企業が直接、情報収集のためにアプローチしてきたとしても、もちろんあなたが本業の会社の情報を漏らすことはありえないでしょう（と思います）。

これが、Ｂのような競合他社ではなく、コンサルティング会社や調査会社、周辺業界の人があなたを訪ねてきたらどうでしょうか。「あなたは○○のシステム関連の専門知識に明るいとうかがったので、ぜひ業界の状況などをご教示いただきたい」などと言われたら、調子に乗ってぺらぺらしゃべってしまったりはしないでしょうか。そして、それらの会社が「副業として、ぜひうちの顧問に」などと言って席を用意してくれたら、うっかり話に乗ってしまうのではないでしょうか。自分が普段の仕事で知っていることを話すだけだから、労せずして副業ができると勘違いしがちです。

実は彼らのクライアント先がほかでもない、あなたの本業の会社の競合だったりすることが往々にしてあるのです。うっかり渡してしまった資料に本業の会社の情報が載っていて、それが競合会社に届くこともありえるのです。あなたはそのつもりはなく、本業の会社に背任していることになるのです。

もし、あなたが本業の会社でそれなりの地位にあるならば、このような副業のオファーを含めた間接的な競合からのアプローチがくる可能性がないとはいえません。本業の情報を引き出そうとする関連業界から相談されても相手にしないことです。

副業の
ルール
4

よからぬ人たちはやってくる。会社はあなたを守ってくれない！

副業をしたあとに、新しいアイデンティティを獲得しよう！

あなたはいまの会社でそれなりの立場にあり、社内はもちろん、取引先などからもそれなりに遇されているかもしれません。しかし、副業の仕事において、もとの会社の地位は関係ありません。（最初はもの珍しがってくれるとは思いますが。）

皆さんの多くは、複数のコミュニティーに属するという経験が少ないかもしれません。しかし、**副業で出会った人が自分のことを「歯牙にもかけない」とか「ぞんざいに扱う」ということは、「よくある」と覚悟したほうがいいと思います。**（ここは転職と同じですね。）

普段からそれなりの扱いを受けていると、軽んじられることに愕然とし、耐えられないことがあるかもしれません。最初は相当ショックだと思います。

実は恥ずかしながら、私も独立してしばらくは、頭ではわかっていても、「取替可能な外注先のひとり」として扱われる場合があることに、どうしても慣れることができなかったのです。

独立直後は「リクルートで○○の商品企画をしたのち独立しました」と言えば、通りもよかったのですが、2年目、3年目にもなると、元いた会社の名前を出して仕事をする道理もありません。ますます、初対面で相手に自分が何者であるか（何ほどの者であるとおごっていたという意味ではありません。念のため）をわかってもらえない、という事態の歯がゆさに悶々とすることもありました。

ともかく、副業では、いまの会社の地位やあなたの偉さがまったく通じず、まるで社会人1年生の何の実績もない人であるかのように扱われることもあるでしょう。または、〝あなた自身〟を認識されず、〝（本業の）会社の人〟としてしか認識されず、それがストレスになるかもしれません。

しかし、それがいいのです。これまで培ったアイデンティティが瓦解するかもしれませんが、自分の殻を破るチャンスです。いままでは中身がなくても（そんなことはないとは思いますが）、会社に与えられたポジションのおかげでなんとかやってこられただけかもしれません。自分のこれまでの実績や権限が及ばないところで、これまでの自分をどんどん壊して、手持ちのカードを使わずに、裸一貫でどこまでできるか挑戦し、新しい能力を開発することを楽しめばいいのです。

その結果、本業でさらに大きな成果を出すことにつながる人もいるでしょう。副業のはずが、そちらのほうが本業になる（転職！）人もいるでしょう。自分の技術が他社でも十分に通用することがわかって独立開業をすることになるかもしれません。**結果はどうあれ、いまの皆さんをより強く、大きくすることにつながる、それが副業です。**

スケジュールやコンプライアンス問題には気をつけながら、また、本業でも副業でも力を発揮して、より幸福な人生を送っていただきたいと思います。

副業のルール
5

副業は自分の殻を破るチャンス！
本業先にも副業先にもしっかり貢献しよう！

副業先で失敗しない！

まとめ

副業先で自分の新しい価値観を発見しよう！

副業には、ぜひ挑戦してください。スキルアップにも新しいネットワークづくりにも役立ちます。ただし、スケジュール調整やコンプライアンス問題には気をつけて。

そして、いままでの殻を打ち破り、新たなアイデンティティを獲得してください。

それはあなたの人生だけでなく、本業の会社にとってもよい結果につながります。

「好きなこと」を仕事にするために

1 自分の道を自分でつくっていくということ

これまで新しい組織になじむための方法論をお話ししてきましたが、最終章では、私自身の仕事に対する考え方のようなものを、何点か述べさせていただきたいと思います。

私が仕事をはじめたのは1980年代の後半です。20代の方には信じられないでしょうが、当時、「転職」のイメージはたいへん悪く、会社の未来が暗い場合や、社内での人間関係がどうしようもなくなったようなときにだけ、考えるものでした。そこで、転職雑誌がテレビコマーシャルなどを積極的に活用し、そのイメージを明るくしようと必死に努力していたものです。

その後、折からのバブル景気で、猫の手も借りたい有名大手企業が続々と中途採用を開始し、はじめて転職や転職者が社会の中で認められるようになったのです。

それから35年あまりの月日がたちました。転職に関する社会や個人の意識は大きく変わり、各種の調査を見ても、転職そのものに抵抗感を持つ人は本当に少なくなりました。

これはとても素晴らしいことです。それまでのように、会社が個人のキャリアをすべてコントロールするのではなく、自分で自分のキャリアを切り拓くことができる可能性が出てきたからです。しかし、別の角度から見ると、個人は選択肢を選ぶ自由を得た反面で、選択肢を選ぶのも選ばないのも自分、すなわち自分自身がいろいろなことを決めなければならない時代になったとも言えるわけです。

転職を経験された方には理解していただけると思いますが、自分の道を選択するというのは、容易なことではありません。自分が本当にやりたいことは何なのか。自分は何に向いているか。これらを見つけるのは至難の業です。

私など、もうかれこれ30年近く働いてきましたが、本当は自分が何をやりたいのか、何に向いているのか、いまだによくわかりません。唯一気づいたことは、定型的な業務をやり続けることはたいへん苦手で、まだ海のものとも山のものともわからない新しい事業や新しい商品をつくり出しているときには、とても幸せな気分を味わうことができる、ということくらいです。

そこで、そういった仕事ばかりができる方法としてコンサルタントという働き方を選択しているのですが、本当にこれがベストか？　と聞かれるとまったく自信がありません。もっといい選択肢があったかもしれないとも思います。

たとえば、友人がベンチャー企業で成功し、ストックオプションで大金持ちになった、などという話を聞くと、少しうらやましく思ったりもします。あるいは、会社に残り続けて偉くなっていたらどうだったろうか、と思ったりもします。ただ、現実には起こらないことで、他人をうらやましがったり、自分の採らなかった選択肢のことをあれこれ想像しても仕方がないのです。

最近気づいたことなのですが、自分の周りで輝いている人たちは、いい選択肢を選んだ「運のいい人」ではないような気がします。もう少し正確に言うと、結果的にいい選択肢を選ばれてはいるのですが、その人たちは、どんな選択肢を選んでも、あたかも最高の選択肢を選んだかのように一生懸命努力をし、一生懸命に行動する人なのではないかということです。

そして、**本当は最高ではなかったかもしれないその選択肢を、まるで最高の選択肢を選び取ったかのように楽しく働いているのではないでしょうか。そんな言動を取れる人だからこそ、生き生きと輝いていられるのではないでしょうか。**

私の中では、この考えは、単なる「思いつき」から「確信」に変わりつつあります。

2 転職はキャリアアップになるのか

採用面接の際に、一部の面接官にとって最も不愉快に思う受け答えの1つは、「私はこんなふうにキャリアアップしたいので、御社で○○の業務をしたい」というものです。転職をする際に、自分のキャリアアップを目的の1つにすることは悪いことではないのですが、会社は学校ではありません。まず仕事で成果を出し、会社に対して、いただいた報酬以上の成果を出すことが何よりも優先されます。そして、あくまで結果として自分も成長できるのだという順番を間違えてはいけません。

しかしながら、転職を上手にすることができれば、大きなキャリアアップになります。前の会社ではできない経験を積むことができますし、新しい仕事のスキルも身につきます。仕事や組織に対する別の価値観を知ることもできますし、他の人にはない人脈も得られます。精神的にもたいへんタフになります。このように、環境を変えることで、個人は大きく成長することができるのです。

ただ言うまでもないことですが、**本当に成長できるかどうかは、本人がその環境の中で**

どのくらい一生懸命がんばるかにかかっています。ただ転職をしたというだけでは、何の意味もありません。企業側もある種の成功体験を持った人を欲しますので、できれば何かを成し遂げるまでがんばるほうがいいでしょう。自分にとっても自信になります。

注意しておいたほうがいいこともあります。現在の人材市場においては、過去の終身雇用の時代をまだ引きずっているからか、転職は4、5社目までという企業が多いのです。

一般に言われる「転職グセ」で、少し気に入らないことがあれば、すぐに転職してしまう「こらえ性がない人」と捉えられるからです。実際には、プロジェクト単位（すなわち2〜3年）で仕事をきちんと終わらせて次に進んでいくようなレベルの高い方であっても、会社を移り変わっていくことに対しての抵抗感はまだまだ強い（というか、そういう働き方があることを多くの会社の人事の方は知らない）ので、転職の回数が多いと、人材市場においてはそれなりに不利な状況になることを覚悟しておいたほうがいいでしょう。スキルアップしたからといって、必ずしもいい仕事が得られるとも限らないのです。

ただ、世間の状況はどうあれ、自分がやりたいことができる機会があるのなら、チャレンジする姿勢を持ち続けてもいいのではないでしょうか。わかる人には必ず理解してもらえますから。

3　プロフェッショナルとは

さて、転職をする動機の1つには、さらにレベルの高いプロフェッショナルになるために、いままでとは違った環境で働いてみたいというものがあります。私自身もプロと言えるかどうかまったく自信がありませんが、最終的には名実ともにプロの称号を得られるような人間になりたいと思っていろいろな職場を経験してきました。

以前、プロ中のプロと誰もが認める、劇画の『ゴルゴ13』の分析を一生懸命にやっていたことがあります。すべての単行本を読みあさり、いろいろな行動特性を抽出していたのですが、なかでも最も重要なことは、

・自分の業務範囲の明確な定義（彼の場合は「狙撃」）とその分野における完全性を求める。
・何を達成すべきなのかを明確に意識し揺るがせない。できないことは請け負わない。
・遂行に向けて想定されるすべてのシナリオを描き、その対処法を事前につくり完璧な

準備をしておく。

・実行時にあっては、いついかなるときも自分の状況を第三者的に知覚し、冷静さをキープし続ける。

・実行時の協力者には、任務に忠実で腕のいい仕事人を選ぶ。

・コンディションを最善に保つ。

・何があってもあきらめない。

などでした。また、ゴルゴ自らが述べていることですが、細心の注意を払える「臆病さ」も重要です。

さて、皆さんはどうでしょうか?

私の知っているプロフェッショナルの姿を思い浮かべながら、お話をしたいのですが、**もし発展途上のあなたがプロを目指すのであれば、ゴルゴを目指す前に、何はともあれ人の2倍真面目に仕事をすることが最低の条件だと思います。人より高密度に、そして、人より一生懸命。**

時代に逆行していますよね。そうなのです。プロを目指す人にとっては、世の中の風潮など関係がありません。短時間しか仕事をせずに抜群の成果を出す人もいるかもしれませんが、その人はスーパーマンです。われわれ一般人の能力など、さして変わらないわけで、そうなると**人より少しでも深く考え、人よりも果敢に挑戦し続けたものだけが、まずチャンスを得られることになります。**

そのチャンスに際して一生懸命にやり続けた人間と、そもそもチャンスを得られなかった人間との間には、長い目で見ると大きな差が生まれます。多くのプロはそのようにしてプロになるきっかけをつかんだのです。

次に、よりレベルの高い仕事の場を求め続けることです。すなわち、課内で少し仕事ができるくらいでは決して天狗にならず、まずはその業務において社内ナンバーワンを目指し、社内で一番になったらさらに上を目指して武者修行に出かけるようなつもりで転職をする。そこでまた、さらに高いレベルの人と仕事をし、貪欲にスキルを吸収するといった姿勢が必要です。

これは日本のトップではあきたらず、メジャーリーグに旅立っていったダルビッシュ有選手や大谷翔平選手のイメージとダブりますが、まさに彼らの姿勢こそがプロを目指す人に求められる姿勢です。

そして最後に、冒頭に述べたゴルゴ13の行動特性のような過酷な行動指針を自分に課して、それを揺るがせずにやり続けることです。これを10年やり続けることができれば、間違いなく真のプロになれると思います（そういう意味においては、私はまだまだ、まったくのひよこレベルです）。

早く自信を持って自分のことをプロだと言える日がくるように個人的にもがんばろうと思っています。皆さんの中にも、すでにレベルの高い機会を求めることが必要な段階にきている方がいると思います。そういう方は、積極的に転職を考えてみてもいいと思います。

4 好きなことを仕事にしよう！

ある分野において社内外からたいへん高い評価を得ており、当人もその分野で一生やっていこうとしていた友人がいました。ところが彼は、会社から本社スタッフへの異動を言い渡され、30秒ほど考えてきっぱりと「辞めます」と意思表示をしたのです。実は会社は、彼の仕事振りを高く評価しており、その異動はいわゆる栄転だったのですが……。

会社の論理で考えると、せっかくエリートコースに乗せてやったのに、それを無視する、なんというバカなヤツだということになります。ところが、当人から見ると、その異動は、自分が極めたい領域からはずされる意味のない異動になってしまいます。

皆さんはどちらの見方を取られますか？

そもそも、自分が何をするかということを自分で決められない、事前に相談もされずに勝手に決められる「社員」というシステムは、私にとっては不可解なものでした。確かにそう簡単にはクビにはならないけれども、給与も休みも仕事もすべて会社の就業規則にのっとった形で、極力個別性は排除されてしまうわけです。そのために大幅なコミュニケーションコストの削減はできるかもしれませんが、その反面、主体性のない指示待ち族を多くつくり出してきたのです。

そういった「社員」が、自分のやりたい仕事を目指して、自己主張できる場を得る、その1つの方法が転職です。新卒の場合と違い、多くの場合、職種限定採用ですから、100%希望が通るかどうかはともかくとしても、かなりの高い確率で自分のつきたい仕事につくことができます。自分のやりたい仕事があるのに、異動させてもらえないような場合には、転職という手段を通じて積極的にチャレンジをしてみるべきではないかと思います。

実は私もそうでした。入社して2年目くらいに、「自社の採用」の仕事をしていたのですが、嫌いで嫌いで仕方がありませんでした。リクルートに入ったのは、商品や事業の企画をしたいからにもかかわらず、来る日も来る日も学生の相手をしていたのでは、何のためにこの会社に入ったのかわからないという強い思いがあったのです。

そこでとうとう、転職先まで決めて直談判したところ、ようやく異動が認められたのです。おかげで、その後の私のビジネス人生はたいへん幸せなものになりました。いま思い出しても、思い切って動いて良かったと思います。

皆さんも、自分のやりたい仕事が見つかったら、ぜひその仕事を獲得すべく動いてみてください。それは場合によっては異動であり、場合によっては転職ということになるかもしれません。

いずれにせよ、そういったことで好きな仕事ができるようになれば人生が幸せなものになります。

「どうせ1回の人生なんだから、好きなことを仕事にしましょう!」

これが私から皆さんに贈る最後のメッセージです。

おわりに

最後まで読んでいただきまして、ありがとうございました。

転職が苦難の連続であることを少し強調しすぎたかもしれません。でも、本当に苦難の連続なのです。その苦難を乗り切って、新しい組織の中で確固たる地位を得ることができるようになったとき、あなたはひと皮もふた皮もむけたたくましい別人に生まれ変わることができます。


私はこれまで経営・組織コンサルタントとして、多くの業種・業界で会社に入り込み、半ば社員のような形で仕事をしてきました。また、組織文化の問題や仕事選びについて、いろいろな角度から実践的な研究を進めました。

そこで、それらの成果と個人的な経験を中心にして、「転職後どうすればいいか」について出版社からの依頼もあり、ガイドブックを書くことにしたのです。

本書は、そのためのガイドとしてお使いいただければと思います。もしうまくいかないことがあれば、もう一度ページをめくってください。どこかに何がしかのヒントがあると思います。

私が提示させていただいたこのガイドブックは、まだまだ決して完成したものではありません。できれば今後、読者の皆さんと情報交換をさせていただきながら、さらに良いものをつくりあげていきたいと考えております。

転職してこんなことに困った、ピンチになったときにも切り抜けられるこんな方法がある、そういった情報をいろいろとお寄せいただければありがたく思います。

この企画を進めるにあたり、ジャーナリストの鈴木裕子さん、日本能率協会マネジメントセンターの皆さまにはたいへんお世話になりました。御礼を申し上げます。

最後になりましたが、皆さんの転職生活がうまくいくことを心より願っております。

２０２１年６月

秋山　進

【著者】
秋山 進（あきやま すすむ）
1963年、奈良県生まれ。京都大学卒業後、リクルートに入社し事業企画に携わる。独立後、経営・組織コンサルタントとして、各種業界のトップ企業からベンチャー企業、外資、財団法人など様々な団体のCEO補佐、事業構造改革、経営理念の策定などの業務に従事。現在は、経営リスク診断をベースに、組織構造設計、人事制度設計などのプロフェッショナルが集まるプリンシプル・コンサルティング・グループを主宰し、代表取締役を務める。著書に『それでも不祥事は起こる』『これだけは知っておきたいコンプライアンスの基本24のケース』（日本能率協会マネジメントセンター）、『「一体感」が会社を潰す』（PHP研究所）、『職場の「やりづらい人」を動かす技術』（KADOKAWA）、共著書に『社長！それは「法律」問題です』『実践コンプライアンス講座　これって、違法ですか？』（日本経済新聞出版社）など。

転職1年目の教科書

2021年6月20日　初版第1刷発行

著　者——秋山 進

発行者——張 士洛
発行所——日本能率協会マネジメントセンター
〒103-6009 東京都中央区日本橋2-7-1　東京日本橋タワー
TEL 03(6362)4339(編集)／03(6362)4558(販売)
FAX 03(3272)8128(編集)／03(3272)8127(販売)
https://www.jmam.co.jp/

装　丁——小口翔平＋三沢稜（tobufune）
本文DTP——株式会社森の印刷屋
印刷所——広研印刷株式会社
製本所——株式会社三森製本所

ISBN 978-4-8207-2915-0　C2034
落丁・乱丁はおとりかえします。
PRINTED IN JAPAN